Bremer
Strasse
Katzensprung
Bernhardi
Bürgersch.
Volksbad
Synagoge
Luth. Waisenhaus
Bürgerschule
Josef
Strasse
Weser
Garten
Wimmel
Amalien Schule
Franzgraben
Oskar-Str.
Schützen
Strasse
Artillerie
Zeughaus-Str.
Hafen
Die Fulda
Hafen-Strasse
Strasse M3
Strasse M3a
Herkules Brauerei A.G.
Oppenheim u. Söhne Lederfabr.
Stahl u. Nölke A.G. f. Zündholzwarenfabrikat.
Zuchthaus
Altmarkt
Die Schlagd
Fuldabrücke
Marställer Platz
Kastell
Holzmarkt
Die Schlagd
Schloss Platz
Gerichts u. Regierungs Gebde
Die Fulda
Sommerweg
Lutzow Str.
Str. Bl. 50.
Langes Gefängnis
Pulvermühlenweg
Bürgerschule
Unterneust. Kirch.
Reformiertes Waisenhaus
Drahtbrücke
Leipziger
Kaufunger-Str.
Öffentl. Platz
Scharnhorst
Strasse
Vaps Gasse
Körner-Str.
Blücher
Strasse
Jahn
Arndt
Kleist
Siechenhof
L. Gerhardt u. So
Chem. Reinigung
Salzmann u.
Mechanische We
Hafenbahn
Pump Station
Militär Waschanstalt
Waldauer
Fussweg
York-Str.
Leipziger
Strasse

Frank-Roland Klaube

Alt - Kassel

Ein verlorenes Stadtbild

Historische Photographien

Wartberg Verlag

Fotonachweis:
Fotohaus C. Eberth (44)
Stadtarchiv Kassel (98)
Vorsatz:
Plan von Cassel 1917, 1:500 (Vermessungsamt Kassel)

3. Auflage 1989

Titelentwurf: Marja Jänsch
Druck: Werbedruck GmbH Horst Schreckhase, Spangenberg
Buchbinderische Verarbeitung: Fleischmann, Fulda

3505 Gudensberg-Gleichen
Im Wiesental 1 – Telefon (05603) 4451
ISBN 3-925277-18-8

Vorwort

Geht man heute auf der Suche nach der mehr als tausendjährigen Vergangenheit durch Kasseler Innenstadtviertel, bedarf es einiger Mühe, um hier und dort auf Vereinzeltes, auf Überbleibsel zu treffen. In seltener Radikalität ist das alte Kassel verschwunden.
Wie ein Skelett sind noch alte Straßennamen übrig geblieben. Doch häufig stimmt nicht einmal der alte Straßenverlauf mit dem heutigen überein. Von der Wildemannsgasse ist ein kurzes Stück zwischen Marställer Platz und einem modernen Wohnblock an der Kurt-Schumacher-Straße geblieben. Aus einer kleinen Gasse namens Steinweg ist eine sechsspurige Autostraße geworden. Die Bezeichnung Altmarkt gibt jungen Menschen eher Rätsel auf, als daß der Name etwas verdeutlicht.
Als Ursache für die radikale Veränderung wird im allgemeinen der britische Luftangriff vom 22. Oktober 1943 genannt. An diesem Abend gingen 418 293 Spreng- und Brandbomben auf Kassel nieder und lösten ein Inferno aus, das die damalige Amtssprache als „Flächenbrand" bezeichnete. Unvergessen sind jene Männer, Frauen und Kinder, die in dieser Nacht auf schreckliche Weise ums Leben kamen. Ihre Zahl wurde nie genau ermittelt. Meist wird von annähernd 10.000 Personen gesprochen.
Der Luftangriff vom 22. Oktober 1943 war mit Abstand der katastrophalste, aber keineswegs der erste oder gar der einzige. Im Sommer des Jahres 1940 hatte die Zerstörung der Stadt durch Bombardements aus der Luft begonnen. Bis zum 21. März 1945 warfen britische und amerikanische Bomber vierzigmal ihre Tod und Zerstörung bringenden Lasten über Kassel ab. Aus Kassels Innenstadt war im Jahre 1945 eine Ruinenstadt geworden.
Im Umgang mit den Ruinen ist man bereits unmittelbar nach dem großen Luftangriff so radikal verfahren, daß sich der Kunsthistoriker und Kustos der Staatlichen Kunstsammlungen Kassel, Dr. Rudolf Helm, veranlaßt sah, in einem zwölf Seiten umfassenden Schreiben an die NSDAP-Gauleitung die Abbruchpraxis in der Altstadt zu kritisieren:
„Bei einem Gang durch die Stadt, etwa 10 Tage nach dem Brand, sah ich nun mit Schrecken, daß wichtige Bauwerke, die in den ersten Tagen noch verhältnismäßig wohl erhalten dastanden, inzwischen verschwunden waren, und daß man überall daran war, den Schutt zu beseitigen, wobei eine nicht geringe Anzahl noch leidlich erhaltener Bauteile und Steinmetzarbeiten endgültig zerstört wurde.
...Stand noch irgendwo ein halbwegs hoher Mauerrest, so wurde er schleunigst umgelegt; so war es am einfachsten, und man glaubte damit jeder Verantwortung ledig zu sein. Dabei wurde auch manches beseitigt, das noch im festen Verband stand und durch seine Stellung zur Straße nicht die geringste Gefahr für den Verkehr gebildet hätte."
Unverkennbar wurde aber auch in den Folgejahren vieles beseitigt, dessen originalgetreuer Wiederaufbau vielleicht möglich gewesen wäre, öffentliche Gebäude wie das Regierungs- und Justizgebäude, die lutherische Kirche am Graben und das Pfarrhaus am Marställer Platz, das Staatstheater, das Rote Palais oder manches Bürgerhaus. Auch den verbreiterten oder neu geschaffenen Straßenzügen wurden erhalten gebliebene Häuser in der Fünffensterstraße, in der Wilhelmshöher Allee und in der Kurt-Wolters-Straße (Teile der Schule am Wall und die „Volksküche") geopfert.
Nur noch in Fotografien ist heute die alte Innenstadt ein wenig nachempfindbar, in Fotografien, die die Zerstörung in Kassel überstanden haben, manchmal auch außerhalb Kassels verwahrt waren. Im Bereich der historischen Bildquellenüberlieferung ist die Situation in Kassel nicht so ungünstig, wie es auf den ersten Blick scheinen mag. Stadtarchiv, Stadtmuseum sowie Landesbibliothek und Murhardsche Bibliothek der Stadt Kassel besitzen umfangreiche lokalhistorische Bildbestände. Unter den Fotografen mit Bildarchiv ist vor allen Carl Eberth zu nenen, der das 1906 angelegte Bildarchiv seines Vaters fortführte. Schwerpunkt ihrer Tätigkeit war und ist die Ereignisfotografie, so daß es kaum ein besonderes Ereignis in Kassel gibt, das sie nicht im Bild festgehalten haben. Leider mußte das Eberthsche Bildarchiv im Zweiten Weltkrieg Teilverluste hinnehmen.
Aus der Fülle der Möglichkeiten und des Materials wurden für diesen Rundgang durch Kasseler Innenstadtviertel vor der Zerstörung 142 Fotografien ausgewählt. Die Fotografen Carl Eberth senior und junior stellen hierfür den größten Anteil mit 72 Aufnahmen, doch auch andere namhafte Kasseler Fotografen sind vertreten, deren Bilder den Beständen des Kasseler Stadtarchivs entnommen sind.

Frank-Roland Klaube, im November 1988

Übersicht

Kassels alte Innenstadt vom Flugzeug aus gesehen: Die schnurgeraden Straßen der barocken Oberneustadt leiten den Blick in den Mittelpunkt des Bildes, zum *Friedrichsplatz*. Dieser Platz hatte ebenso wie der Königsplatz eine wichtige städtebauliche Funktion zu erfüllen: Neues mit Altem harmonisch zu verbinden, Übergänge zu schaffen zwischen den breiten geraden Straßen mit glatten Häuserfluchten in der Oberneustadt und der in Jahrhunderten gewachsenen – und auch verwachsenen – *Altstadt*.

Die Keimzelle Kassels – erstmals in zwei Urkunden aus dem Jahre 913 als bewohnter Platz namentlich erwähnt – lag unten an der Fulda. Handelswege, eine Furt und eine nahe gelegene Anhöhe über dem Fluß werden als die bestimmenden Umstände für das dauerhafte Bewohnen dieser Stelle angesehen.
Vom Flußufer her wuchs die Ortschaft die flachgewellte Fläche nach Westen hinauf. Zwar entstand als Brückenkopf am anderen Ufer eine eigene kleine Stadt, doch Schwerpunktseite der Stadtentwicklung blieb stets das linke Fuldaufer.

Vom südlichen Turm der Martinskirche fällt der Blick auf einen mittelalterlichen Wehrturm, den *Druselturm*, dann aber in die lange Straßenschlucht der *Königsstraße*. Eine angenehme Unterbrechung stellen zwei halbkreisförmige Ausweitungen dar: der *Königsplatz*.

Platz und Straße erhielten ihren Namen zur Erinnerung an den hessischen Landesfürsten Landgraf Friedrich I., der von 1720 bis 1751 das schwedische Königreich regierte. Er war ein Onkel des einige Jahre später an die Regierung gekommenen Landgrafen Friedrich II.

Der Königsplatz ist eine der zahlreichen großartigen architektonischen Leistungen, die dem Hofbaumeister Simon Louis du Ry zu verdanken sind. Wie ein Gelenk verband der 1766 in Angriff genommene Platz die Oberneustadt mit der Altstadt und vermied hier am Westrand der Altstadt, einer städtebaulich besonders schwierigen Stelle, daß alte Gassen und barocke Straßenzüge völlig unorganisch zusammenstießen.

Gegenüberliegende Seite:

Simon Louis du Ry hatte das Ausmaß des *Königsplatzes* mit der Anzahl der Geschosse der Randbebauung in ein ausgewogenes Verhältnis gebracht. Der Platz wurde dadurch optisch vergrößert, ohne daß die Randbauten deswegen dürftig erschienen.

Doch ein gutes Jahrhundert später beachtete man das nicht mehr. Mit der Errichtung der 1881 eröffneten *Hauptpost* (links) begann die Entwertung einer wohldurchdachten Anlage. An die Stelle der alten Häuser traten vor und nach der Jahrhundertwende mehr und mehr Bauten, die durch ihre Höhe und ihre Massigkeit die ursprüngliche Harmonie zerstörten.

In der Bildmitte mündet die *Untere Königsstraße* in den Königsplatz ein.

L. REUSE. KOHLEN
G. Pöhlmann & Co.
Hut Magazin

Der *Königsplatz* in den dreißiger Jahren zur Zeit des Wochenmarktes.

Die Häuser Nr. 36 1/2 (rechts angeschnitten) und, getrennt durch die Straße An der Garnisonkirche, die Häuser Nr. 38 und 40 an der Ostseite des Königsplatzes. Der Fotograf konnte von dem gewählten Standpunkt aus auch das Türmchen der *Garnisonkirche* ablichten.

Links angeschnitten das Gebäude der Commerzbank, Königsplatz 32, daran anschließend – mit besonnten Markisen – die Häuser Obere Königsstraße 49 und 51 sowie die am Königsplatz liegenden Häuser Nr. 53 und 55.

Oben:
Zu den historisch bemerkenswertesten Gebäuden der *Oberen Königsstraße* zählte das Haus Nr. 47.
Landgraf Friedrich II. machte es 1779 der Stadt Kassel zum Geschenk, um darin das traditionsreiche städtische Gymnasium unterzubringen. Das Säulenportal des *Lyceums Fridericianum*, wie es seitdem hieß, krönten die symbolischen Figuren der Justitia und der Theologia. Prominentester Schüler war von 1874 bis 1877 Prinz Wilhelm von Preußen, der spätere Kaiser Wilhelm II.

Unten:
Zu den besonders interessanten Gebäuden muß auch das Haus Obere Königsstraße 45 (rechte Bildhälfte) gerechnet werden, war es doch Sitz des *Kasseler Lotto*. 1771 bis 1785 wurden hier Lottozahlen gezogen und über der Tordurchfahrt (ganz rechts) öffentlich ausgehangen.

Gegenüberliegende Seite:
Von der nüchternen Einfachheit der Oberneustadthäuser hob sich besonders die Front des *Nahlschen Hauses* ab (Obere Königsstraße 41). Die verhalten angebrachten Rokoko–Stukkaturen steigerten Leichtigkeit und Beschwingtheit der abwechslungsreich gegliederten Fassade.
Die Geschichte des Hauses begann im Jahre 1771, dem Jahr, in dem viele Häuser der Oberen Königsstraße errichtet wurden. Bauherr war der Bildhauer Johann August Nahl (1710 - 1781). Man nimmt an, daß der plastische Schmuck des Hauses von seiner Hand stammt. Aus seinem Schaffen rühmen Kunsthistoriker besonders die Mitarbeit an den kunstvollen Innendekorationen des Rokoko-Kleinods Schloß Wilhelmsthal.

H. HOSSE
DEGELE
DEGELE
LÖWEN-APOTHEKE
APOTHEKE

An das Nahlsche Haus, das rechts noch teilweise erfaßt ist, schlossen sich die Häuser Obere Königsstraße 39 mit dem „*Residenz-Kaffee*“ und Nr. 37, die Kommandantur, an. Im Hintergrund, jenseits des Opernplatzes, ist das Warenhaus Kaufhof zu sehen. Das „*Residenz-Kaffee*“ erfreute sich besonders guten Zuspruchs, seit Gottfried Teichmann 1911 die Leitung übernommen hatte. Es hatte den Charakter eines Wiener Kaffeehauses, war aber auch Konzert-Café, in dem Spitzenkapellen des In- und Auslandes gastierten. Das „Resi“ wurde zu einem festen Begriff. Besitzerwechsel führten zu Umbauten, änderten aber nichts an der Beliebtheit des Lokals, gerade auch bei der jüngeren Generation.

Die *Obere Königsstraße* zwischen Opernplatz und Königsplatz. Bei dem ersten Gebäude auf der linken Seite handelt es sich um die Kommandantur. Rechts begrenzen die Bäume des *Friedrichsplatzes* das Bild.
Die *Kommandantur*, das Haus Obere Königsstraße 37, an der Ecke zum Opernplatz gelegen, hatte der bedeutende Oberneustadt-Architekt Simon Louis du Ry im Jahre 1770 für den Großkaufmann und Assessor Roux entworfen. Es war als Gegenstück zum Opernhaus auf der gegenüberliegenden Seite des Opernplatzes gedacht.
Zur Zeit der französischen Fremdherrschaft war es das steuerlich am höchsten eingeschätzte Privathaus der Stadt. 1837 wurde es vom kurhessischen Staat angekauft und zur Kommandantur bestimmt. Bis zum Zweiten Weltkrieg waren die Kommandantur und andere militärische Dienststellen in dem Gebäude untergebracht.

Beherrschend lag an der oberen Breitseite des kleinen *Opernplatzes* das *Palais Waitz von Eschen*. Es wurde wohl im gleichen Jahr (1770) wie das Rouxsche Haus erbaut und hatte auch den gleichen Architekten: Simon Louis du Ry. Mit diesem Palais fand die du Ry'sche Gestaltung des Opernplatzes ihren Abschluß, die 1766 mit dem Umbau des Palais Maximilian zum Opernhaus begonnen hatte.
Wahrhaft einschneidende Veränderungen leistete sich das späte 19. und frühe 20. Jahrhundert. Man ließ Theaterstraße und Opernstraße in den Platz einmünden. Damit gingen Geschlossenheit und Harmonie des Platzes verloren.
Inmitten des Opernplatzes kam im Jahre 1883 das Standbild eines bedeutenden Sohnes der Stadt, des berühmten Geigers und Komponisten *Louis Spohr* zur Aufstellung. Geschaffen wurde die Statue von dem Bildhauer Ferdinand Hartzer.

Im Jahre 1763 gab Landgraf Friedrich II. den Befehl zur Planung für ein *Opernhaus* in der Oberneustadt. Statt eines Neubaus wurden Umbau und Erweiterung des Palais des Prinzen Maximilian in der Oberen Königsstraße ins Auge gefaßt. 1766 wurde das Bauwerk nach den Plänen Simon Louis du Rys in Angriff genommen und schon 1769 abgeschlossen. Das alte Hoftheater erlebte in 140 Jahren seines Bestehens glanzvolle Epochen und bedeutende Höhepunkte. Am 14. Juni 1909 fand die letzte Vorstellung statt: Spohrs Oper „Jessonda" wurde gegeben. Im August begannen die Abbrucharbeiten. Auf dem Grundstück wurde das Kaufhaus Tietz errichtet (später Kaufhof).

Rechts auf dem *Opernplatz* das Denkmal des Mannes, der von 1822 bis 1857 als Hofkapellmeister und Generalmusikdirektor in jenem Hause wirkte: Louis Spohr.

REITZE & CO. BÜROBEDARF - BÜROMÖBEL
J.C. SCHÄFER
SCHLUNK
KONDITOREI
ADOLF JUNG
KAFFEE

Gegenüberliegende Seite:
Blick vom *Opernplatz* auf das Haus Obere Königsstraße 28 (rechts), das Eckhaus zum Friedrichsplatz, an dem in großen Lettern alteingesessene Firmen auf sich aufmerksam machen.
In der Front am *Friedrichsplatz* folgen dann das aus lediglich drei Fensterachsen bestehende Haus Friedrichsplatz 1 („Haarpflegehaus" Metzger) sowie das Haus Friedrichsplatz 2 mit der Konditorei Jung. Dieses traditionsreiche Café war bereits seit Mitte des 19. Jahrhunderts in Familienbesitz. In den 20er und 30er Jahren erfreute es sich besonders guten Zuspruchs. Vor allem Schauspieler aus dem nahe gelegenen Staatstheater kamen gern hierher.

Die *Obere Königsstraße*, Kassels beliebte Einkaufs- und Bummelstraße, zwischen Friedrichsplatz und Wilhelmshöher Platz (heute Brüder-Grimm-Platz) in den dreißiger Jahren. Am Ende der Straße der Turm des Landesmuseums.

Da sich in der Oberen Königsstraße großzügigere bauliche Voraussetzungen für den Verkauf boten, fiel es dem alten Geschäftszentrum in der Altstadt zunehmend schwer, konkurrenzfähig zu bleiben.

Von der rechten Seite der *Oberen Königsstraße* sind auf dieser sehr alten Fotografie die Häuser Nr. 18 bis 28 zur Ablichtung gelangt. Dann schieben sich die Bäume des Friedrichsplatzes in die Fluchtlinie. Linkerhand ragt das Portal des alten *Hoftheaters* in die Straßenschlucht.
In dem alten Kopfsteinpflaster sind keine Straßenbahngleise zu erkennen. Da hier am 9. Juli 1877 der erste Zug der Dampfeisenbahn nach Wilhelmshöhe fuhr, muß die Fotografie vorher entstanden sein.

Gegenüberliegende Seite:
Die *Obere Königsstraße* vom Haus Nr. 9 aus fotografiert. Im Hintergrund links sind die spitzen Türme der Martinskirche gerade noch – im Dunst verschwimmend – zu erkennen.
Zur Förderung der heimischen Wirtschaft hatte Landgraf Friedrich II. erstmals im Jahre 1763 eine Messe durchführen lassen. Um den auswärtigen aber auch einheimischen Kaufleuten und Handwerkern Ausstellungs- und Verkaufsmöglichkeiten zu bieten, ließ er in den Folgejahren das *Messhaus* errichten. Die festliche Dekoration einschließlich eines provisorisch aufgesetzten Giebels galt nicht dem Gebäude, sondern einem Besuch Kaiser Wilhelms II. in Kassel im Jahre 1891.
1904 wurde der zum vermeintlichen Steinbau herausgeputzte Fachwerkbau abgerissen, um dem *neuen Rathaus* Platz zu machen.

derich
alischer &
nstrumente
gs-Str. 9.

Nach vierjähriger Bauzeit konnte das von dem Architekten Karl Roth in niederländischem Barock erbaute *Rathaus* an der Oberen Königsstraße am 9. Juni 1909 festlich eingeweiht werden. Es entsprach den Repräsentationsbedürfnissen der Oberschichten und bot in den nächsten drei Jahrzehnten die Kulisse für wirkungsvolle Auftritte auf der Rathaustreppe.
Zur Ausgestaltung der zur *Königsstraße* hin geöffneten Ehrenhöfe hatte der Architekt Brunnen vorgesehen und für die rechte Seite eine „architektonische Spielerei" entworfen. Zur Übernahme der Kosten verstand sich der Industrielle Sigmund Aschrott. Nach ihm wurde er *Aschrottbrunnen* genannt.
In ihrem Haß gegen alles Jüdische machten verblendete Nazis nicht halt vor einem Bauwerk, das ein Kasseler Jude gestiftet hatte. In der Nacht vom 8. auf den 9. April 1939 beschädigten unbekannte Täter den Brunnen schwer. Auf Anordnung des Gauleiters wurde er wenige Wochen später beseitigt.

Gegenüberliegende Seite:
Obere Königsstraße (von links nach rechts die Häuser ab Nr. 19), Rathaus-Treppe und Ehrenhof mit dem Henschel-Brunnen sind auf dieser Fotografie erfaßt.
Der am 6. Juli 1912 enthüllte *Henschel-Brunnen* hat seinen Namen von der Stifterin Sophie Henschel (1841-1915). Ihr Name ist eng mit der Stadtgeschichte verbunden, nicht nur als Leiterin der Henschel-Werke, sondern auch als Stifterin vorbildlicher Wohlfahrtseinrichtungen.
Zwischen Brunnen und Rathaustreppe erhebt sich ein Baldachin. Darunter fand ein aus Holz nachgebildeter, obeliskartiger Brunnen Aufstellung, den früheren Kasseler Zaitenstöcken ähnlich. Wer für die Kriegswohlfahrt spendete, durfte einen Nagel in den Zaitenstock schlagen und erhielt eine Urkunde. Die erste Nagelung erfolgte in besonders feierlicher Weise am 2. September 1915 mit Ansprachen und musikalischer Umrahmung.

Eine prachtvolle, beeindruckende Kulisse ist aufgebaut: Kassel hat sich mit großem Aufwand ausgeschmückt, um den Besuchern des „1. Großdeutschen Reichskriegertages“ ein festliches Stadtbild zu präsentieren.
Die Häuserfassaden der *Oberen Königsstraße* verschwinden fast hinter den Hakenkreuzfahnen (im Hintergrund das Hessische Landesmuseum).
Die Ausschmückung wirkte wie ein letztes ungesundes Aufblühen vor der Katastrophe, die drei Monate später, am 1. September 1939, ihren Anfang nahm.

Vier Jahre später liegt die *Obere Königsstraße* wie die gesamte Kasseler Innenstadt in Trümmern. Ein Luftangriff der Royal Air Force am Abend des 22. Oktober 1943 brachte nahezu 10.000 Menschen ein schreckliches Ende und vernichtete eine alte Stadt bis zur Unkenntlichkeit.

Schutthaufen vor der *Rathaustreppe*, Trümmer auf der Oberen Königsstraße, Ruinen, wo kurz zuvor stattliche Wohn- und Geschäftshäuser standen.

Blick durch das Geäst der vor dem Palais Waitz von Eschen stehenden Trauerweide über *Opernplatz* und *Obere Königsstraße* hinweg auf den *Friedrichsplatz*.
Von der Friedrichsplatz-Randbebauung sind (von links) das Museum Fridericianum, die ehemalige Kriegsschule und die Elisabethkirche (mit Dachreiter) zu erkennen. Rechts vom Spohr-Denkmal die Umrisse des Staatstheaters.

„Es genügt nicht zu wissen, daß der Friedrichsplatz einmal Wände gehabt hat, um seine frühere städtebauliche Funktion zu begreifen. Dazu mußte man als Kasselaner mit ihm großgeworden sein im Gefühl der fein ausgewogenen Proportionen der Gebäude, die seine Wände bildeten und die niemals den Eindruck erdrückender Monumentalität oder gar den der verlorenen Weite eines ostpreußischen Marktplatzes hinterließen.
Man mußte ihn erlebt haben, am Tage und in der Nacht, bei Sonne, Wind und Regen, an strahlenden Sommertagen und im Winter, selten leer, sondern fast immer als belebten Bummel-, Erholungs- und Spielplatz, und vor allem auch bei besonderen Gelegenheiten, bei denen sich ganz Kassel dort versammelte. Dann erst weiß man, daß der Friedrichsplatz einmal in seiner bei aller Größe räumlichen Intimität die „Gute Stube" Kassels gewesen ist."
Mit diesen Worten beschrieb Friedrich Herbordt, ein hervorragender Kenner des alten Kassel, aus eigenem Erleben den besonderen Charakter des *Friedrichsplatzes*.

Weißes Palais, Rotes Palais, Museum Fridericianum, ehemalige Kriegsschule und *Elisabethkirche*: So reihten sich (von links nach rechts aufgezählt) Repräsentationsbauten von künstlerischem und besonderem geschichtlichen Wert an der Nordostseite des *Friedrichsplatzes* aneinander. An der Ecke zur Oberen Königsstraße (links) entstand nach den Plänen von Simon Louis du Ry in den Jahren 1767 bis 1769 das Palais von Jungken, später Weißes Palais genannt. Bauherr dieses Wohnpalais war der in landgräflich-hessischen Diensten stehende Generalmajor von Jungken-Münzer. Doch bereits drei Jahre nach Fertigstellung ging das Gebäude auf Veranlassung des Landgrafen in den Besitz der hessischen Landstände über.

Zusammen mit dem 1821 begonnenen Anbau, dem Roten Palais, diente der Gesamtkomplex dem Kurfürsten mehrere Jahrzehnte als Residenzschloß.
Hier spielte sich ein bedeutsamer Moment der hessischen Verfassungsgeschichte ab, als am 15. September 1830 Kurfürst Wilhelm II. einer Bürgerdeputation eine neue Verfassung für Kurhessen zugestand. Die vor dem Schloß wartende Bevölkerung nahm dies mit großer Begeisterung auf.

Nach den Plänen seines Schöpfers Simon Louis du Ry war ursprünglich die innere Fläche des *Friedrichsplatzes* mit Rasen bewachsen, durch den sich Gehwege zogen. So reichte eine Grünzone wie eine „atmende Lunge" von der Aue her bis an die Königsstraße. Damals galt der Friedrichsplatz als einer der schönsten Plätze Deutschlands.
Zu Anfang des 19. Jahrhunderts jedoch mußte der Rasen einer Sandfläche weichen, um als Exerzierplatz zu dienen. Auch die Baumreihen wurden verringert. So war viel Raum für Paraden, Aufmärsche und Militärkonzerte, für Jahrmärkte und Zirkusunternehmen.

Im Jahre 1908 wehrte man sich vergeblich dagegen, daß zwischen Steinweg und Frankfurter Straße eine asphaltierte Fahrstraße angelegt wurde. „Das ist gleichbedeutend mit einer Vernichtung des Platzes" schrieb damals die Zeitschrift „Hessenland".
Im August 1914 marschierten hier Train-Abteilungen und Feldpost auf, um ins Feld zu ziehen.

Massenaufmarsch auf dem *Friedrichsplatz* anläßlich eines „Tages der Nationalen Arbeit“ zu Beginn der NS-Ära. Die mit Girlanden und Emblemen der „Deutschen Arbeitsfront“ geschmückte Fassade des *Museums Fridericianum* diente als Kulisse für diese Großveranstaltung am 1. Mai 1934. Links vom Museum schließen sich *Rotes* und *Weißes Palais* an.

Das Museum Fridericianum ist das monumentalste und kunstgeschichtlich bedeutendste Bauwerk Simon Louis du Rys in Kassel. Der 1769 begonnene Bau lag allerdings an einer Stelle, wo sich vorher der Stadtgraben befunden hatte. Dadurch war man gezwungen, die Grundmauern mehr als 8,5 Meter tief zu setzen. Diese Erschwerungen bewirkten, daß die Innenräume erst zu Beginn des Jahres 1779 vollendet waren.

Hier konnten nun die umfangreichen und wertvollen landgräflichen Sammlungen angemessen untergebracht und präsentiert werden. Im Erdgeschoß waren antike Skulpturen, Reliefs, Vasen und Gläser, Münzen, Uhren und erbeutete Waffen,

Wachsfiguren, vor- und frühgeschichtliche Funde, naturwissenschaftliche und ethnologische Sammelstücke ausgestellt. 1913 wurden diese Bestände in das neue Gebäude des Hessischen Landesmuseums verbracht, so daß nach entsprechenden Umbaumaßnahmen das gesamte Gebäude – nicht mehr allein das erste Obergeschoß – für Bibliothekszwecke genutzt werden konnte.
Dies brachte nicht nur eine verbesserte Magazinierung des Buchbestandes, sondern auch einen sprunghaften Anstieg der Benutzungszahlen der Landesbibliothek

Anläßlich des 350-jährigen Bestehens im Jahre 1930 wies Bibliotheksdirektor Dr. Hopf mit Stolz darauf hin, daß „die Landesbibliothek die Fühlung mit dem Leben und dem Fortschreiten der Wissenschaft wiedergewonnen habe."
Aus der Liste der in diesem Gebäude angestellten Bibliothekare sind vor allem die Brüder Wilhelm und Jacob Grimm zu nennen, die von 1814 bzw. 1816 bis 1829 dort tätig waren.

Oben:
Militärparade auf dem *Friedrichsplatz* im Jahre 1910. Am 14. August fand eine Parade der Veteranen des Krieges 1870/71 statt, die Kaiser Wilhelm II. (links) abnahm. Im Hintergrund das Königliche Hoftheater.

Radreigen auf dem *Friedrichsplatz* im Jahre 1913
Eine von vielen großartigen Darbietungen im Rahmen der Tausendjahrfeier der Stadt Kassel. Hinter Girlanden und Fahnen ist das *Museum Fridericianum* zu erkennen.

Politische Kundgebung auf dem *Friedrichsplatz* in der Zeit der Weimarer Republik.
Vom Eingangsportal des *Museums Fridericianum* sprach der ehemalige Kasseler Oberbürgermeister Philipp Scheidemann auf einer Veranstaltung des sozialdemokratischen Reichsbanners „Schwarz-Rot-Gold“ gegen Ende der zwanziger Jahre.

Flugdemonstration auf dem *Friedrichsplatz* im Jahre 1937.
Anläßlich des „Tags der Luftwaffe“ landete ein „Fieseler Storch“ auf dem Friedrichsplatz. Dieses erste Langsam-Flugzeug der Welt, das aus einem Kasseler Flugzeugwerk stammte, konnte auf engem Raum starten und landen.
Hinter dem von Johann August Nahl entworfenen und von seinem Sohn 1783 aufgestellten *Denkmal Landgraf Friedrichs II.* sieht man die ehemalige *Kriegsschule*, rechts anschließend die *katholische Kirche St. Elisabeth*.

Wo früher der Blick über die südöstliche Schmalseite des *Friedrichsplatzes* hinweg in das hessische Mittelgebirge schweifen konnte, war auf Geheiß Kaiser Wilhelms II. in den Jahren 1907 bis 1909 das prunkvolle *Königliche Hoftheater* entstanden.
Um dem Theaterbau besondere Festlichkeit zu verleihen, lehnte sich der Kasseler Architekt Anton Karst im Stil an Barockbauten an und stattete das Innere in den Farben Rot, Gold und Elfenbein aus.
In Anwesenheit Kaiser Wilhelms II. wurde das Theater am 26. August 1909 mit der Oper „Undine“ von Albert Lortzing eröffnet.
Ein Vierteljahrhundert später schmückte zwar noch der preußische Adler den Baldachin der *Kaiserloge*. In der Loge präsentierte sich jedoch nunmehr NS-Prominenz.

Gegenüberliegende Seite:
Blick vom *Bowlinggreen* über das *Marmorbad* und den westlichen Pavillon der *Orangerie* hinweg auf die massige Rückfront des *Staatstheaters*.
Der Bowlinggreen vor der Orangerie wurde häufig für Aufmärsche genutzt, besonders im Rahmen der seit 1934 in Kassel veranstalteten „Reichskriegertage“. Diese Treffen von Veteranenverbänden, vor allem Teilnehmern des Ersten Weltkriegs, wurden immer stärker geprägt von Schaustellungen militärischer Macht, die auf eine Verherrlichung militaristischer Traditionen zielten.
Höhepunkt an Massenaufgebot und Pomp war der kurz vor Ausbruch des Zweiten Weltkriegs durchgeführte „1. Großdeutsche Reichskriegertag“ in Kassel.

So sah der *Auehang* aus, bevor er mit dem wilhelminischen Theater überbaut wurde. Die wenigen sichtbaren Bauwerke kennzeichnen die Situation: Links am Rande ein Stück des Geländers der vermutlich von Simon Louis du Ry erbauten Brücke über die Kleine Fulda, in der Mitte das *Auetor* und rechts hinter Geäst die katholische Kirche St. Elisabeth.

Als Hauptausgang aus der ummauerten Stadt zur Aue diente das *Auetor*, das zunächst nach seinem Bauherrn, Landgraf Friedrich II., Friedrichstor hieß.
Ein geplanter Torbogen gelangte nicht zur Ausführung, man beschied sich mit einem Staketentor zwischen zwei flachgedeckten Wachthäusern. Diese wurden als Wachlokal und Offiziersarrest genutzt.
Die erste Umgestaltung erfolgte im Jahre 1824, als Johann Konrad Bromeis zwischen den Torhäusern einen römischen Triumphbogen mit zwei an die Wachthäuser reichenden Säulenhallen errichtete.

Im Jahre 1871 erfolgte ein öffentlicher Aufruf zur Umgestaltung des Tores zu einem Kriegerdenkmal. Denn mittlerweile hatte das Stadttor seine Kontrollfunktion verloren. Das Denkmal, das dem Andenken an den Krieg gegen Frankreich 1870/71 dienen sollte, wurde am 22. März 1876 eingeweiht, mußte aber bereits drei Jahrzehnte später dem wilhelminischen Theaterbau weichen. Der Mittelteil fand in den Anlagen am Regierungsgebäude Aufstellung.

Die *Orangerie*, 1701 bis 1711 erbautes barockes Sommerschloß in der *Aue*, wurde nach 1866 wiederholt als Ausstellungshalle verwendet. Je nach den Erfordernissen wurde auch das nördliche Umfeld, die sogenannte Voraue, einbezogen.
1870 fand hier die erfolgreiche „Allgemeine Industrie-Ausstellung für das Gesamtgebiet des Hauswesens", 1889 die „Allgemeine Ausstellung für Jagd, Fischerei und Sport", 1905 die „Jubiläums-Gewerbe-Ausstellung" statt.

Für den Gesangswettstreit deutscher Männergesangvereine im Jahre 1899 wurde nördlich der Orangerie eine hölzerne Halle und ein Turm mit spitzer Haube provisorisch errichtet, deren Dächer auf dieser Fotografie über die Orangerie emporragen.
1913, 1922 und 1927 fanden in der Orangerie bedeutende Kunstausstellungen statt.

Nach Vereinen geordnet marschierten Kasseler Sportler am 2. Mai 1926 auf der Rasenfläche der neuen *Hessenkampfbahn* auf, um die Einweihung dieser neuen Sportstätte Kassels zu feiern. Diese war nach zweijähriger Bauzeit in der *Voraue*, einem Gelände nördlich der Orangerie zwischen Kleiner Fulda und Auedamm entstanden.

Seit 1919 hatte sich der Kasseler Stadtverband für Leibesübungen um die Erbauung einer großen Spiel- und Sportplatzanlage bemüht.
Nach dem Einmarsch der Sportler ertönten die Stimmen von 1500 Sängern des Kurhessischen Sängerbundes. Ein Programm sportlicher Vorführungen unterhielt die Zuschauer bis in die Abendstunden hinein.

Weinberger Straße, Bellevue, Schöne Aussicht: Das waren im Laufe der Jahre die Namen der am Rande der Hochebene sich hinziehenden, einseitig bebauten Promenade, die zu der für die Hugenotten geplanten *Oberneustadt* gehörte.
Auf dem oberen Bild ist rechts von der Skulptur das Haus Schöne Aussicht 7 erkennbar. Dort wohnten von 1826 bis 1829 die Brüder Grimm. Auf dieses Haus folgen nach rechts die Häuser 8, 9, 10, 11 und 12. Auch das Haus Nr. 9 wurde von den Grimms bewohnt, und zwar von 1824 bis 1826.

Die ersten drei Gebäude im unteren Bild, Schöne Aussicht 4, 5 und 6, gehörten zu jener mit dem Namen *Bellevueschloß* belegten Häusergruppe, die die meisten Gebäude des Baublocks zwischen Frankfurter Straße, Georgenstraße, Schöne Aussicht und Fünffensterstraße umfaßte.

Anstelle eines zum Bellevueschloß gehörenden Marstalls wurde nach den Plänen des Baurats Heinrich von Dehn-Rothfelser 1871 bis 1877 an der *Schönen Aussicht* die *„Königliche Gemäldegalerie“* im Stil der italienischen Renaissance errichtet. Hierbei fand ein großer Teil des roten Sandsteins der als Rohbau liegengebliebenen Chattenburg erneute Verwendung.
Die zuvor im Bellevueschloß beengt untergebrachten Bilder konnten nun angemessen präsentiert werden. Sie entstammten im wesentlichen der Sammeltätigkeit Landgraf Wilhelms VIII. (gestorben 1760), der eine Vorliebe für die niederländische Malerei hatte.

Am Ende der *Schönen Aussicht* erhebt sich wirkungsvoll ein klassizistischer Pavillon, der für Kurfürst Wilhelm I. um 1805 errichtete *Frühstückspavillon*, ein Werk des Oberbaumeisters Daniel Engelhard. Im Jahre 1936 wurden die hohen portalartigen Öffnungen zu Fenstern umgestaltet, um die ursprüngliche Form eines Pavillons wiederherzustellen.

Blick vom Palais Bellevue in die *Friedrichsstraße*, links ein Teilkomplex des *Elisabeth-Krankenhauses* mit der neugotischen Kapelle. Markant als Blickfang die Ecke Frankfurter Straße/Friedrichsstraße betonend, erhebt sich der viergeschossige Klinkerbau des *Hölkeschen Mietshauses*. Zwei Jahre nach Eröffnung der Gemäldegalerie, 1879, wurde es bewußt als deren Gegenüber von dem Installateur Christian Hölke im Stil der Renaissance erbaut. Kurz zuvor waren hier die letzten Teile des *Frankfurter Tores* abgebrochen worden.

Noch steht auf der „Krone der Stadt", dem *Weinberg*, jene repräsentative Villa der Fabrikantenfamilie Henschel, die diese unter dem Druck der Hauszinssteuer, einer besonderen Steuer auf den Althausbesitz, im Jahre 1932 abbrechen ließ.
Unterhalb der Villa verläuft die *Frankfurter Straße*, deren abgehobener Bürgersteig im Volksmund „Beamtenlaufbahn" hieß, da die im Südviertel wohnenden Beamten diesen Weg benutzten, um zu ihren Dienststellen in der Innenstadt zu gelangen.
Rechts am Bildrand der *Frühstückspavillon* sowie die *Gemäldegalerie*, im Hintergrund die Oberneustadt. Akzente setzten in dem Häusermeer der Turm der *Karlskirche* (rechts) und der *Rathausturm* (Mitte).

Bevor die Höhe des Weinbergs in der zweiten Hälfte des 19. Jahrhunderts in Henschelschen Privatbesitz übergegangen war, erfreuten sich hier mehrere Biergärten eines regen Zuspruchs der einheimischen Bevölkerung, aber auch auswärtiger Besucher. Dies mag in erster Linie an dem gut gekühlten Bier gelegen haben, das aus den *Felsenkellern* heraufgeholt wurde, aber auch an dem herrlichen Ausblick, den man von den Terrassen genießen konnte.

Mit ihrem im Jahre 1845 verfaßten Testament setzten die Brüder Friedrich (1778-1853) und Karl (1781-1863) Murhard ihre Geburts- und Vaterstadt Kassel zur alleinigen Erbin ihrer gesamten Hinterlassenschaft ein.
Das beträchtliche Vermögen sollte die Grundlage für die Errichtung und Unterhaltung einer „öffentlichen wissenschaftlichen Bibliothek für breite Bevölkerungskreise" bilden.

1874 konnte die *Murhardsche Bibliothek* der Stadt Kassel ihren Betrieb aufnehmen. Ihr eigenes Gebäude auf dem *Weinberg*, das der Architekt Emil Hagberg im Stil der Renaissance gestaltete, erhielt die Bibliothek im Jahre 1905.

Jahrhundertelang hatten sich die Landgrafen und Kurfürsten besonders um ihre Residenz- und Hauptstadt gekümmert, neue Stadtteile gegründet und verändernd und gestaltend in das Stadtbild eingegriffen und dessen Aussehen bestimmt.
Die *Oberneustadt*, eine Neuschöpfung in Gartengelände außerhalb der befestigten Stadt, ist der Initiative des Landgrafen Karl zu verdanken, der seit 1685 französische Glaubensflüchtlinge aufforderte, sich in seinem Land und seiner Hauptstadt niederzulassen.

Geistlicher Mittelpunkt des hugenottisch geprägten Stadtteils war die *Karlskirche*, die 1698 bis 1706 von Paul du Ry errichtet wurde. 1867 wurde hier zum letzten Mal in französischer Sprache Gottesdienst gehalten.
Auf dem Platz vor der Kirche, dem *Karlsplatz*, das Standbild des Landgrafen Karl, 1686 geschaffen von Bartholomäus Eggers, 1768 durch Landgraf Friedrich II. auf diesem Platz aufgestellt.

Obere Karlstraße 17, ein Haus in dem für die *Oberneustadt* typischen schlichten Stil, wurde von dem Architekten Charles du Ry entworfen.
Seit der ersten Hälfte des 19. Jahrhunderts Bierbrauerei, Gaststätte und Restaurant, besaß das Gebäude Gasträume und Säle verschiedener Art. Hinter dem Haupthaus hatte der Neugotiker Karl Schäfer einen Saalbau errichtet, der nach dem großen Stadtparksaal der größte Saal in Kassel war.
Seit Ende der zwanziger Jahre nannte sich der Restaurationsbetrieb *„Bürgersäle"*. NSDAP und SA hatten darin ein Versammlungslokal. Hierhin schleppten im März 1933 Nationalsozialisten zahlreiche unschuldige Menschen, Juden, Gewerkschafter, Sozialdemokraten und Kommunisten, prügelten und folterten sie in den Kellergewölben des Hauses. Einer der Mißhandelten, der Rechtsanwalt Dr. Maximilian Plaut, erlag eine Woche später seinen Verletzungen.

Gegenüberliegende Seite:
Vom Friedrichsplatz aus hat der Fotograf die ersten Häuser auf der rechten Seite der *Frankfurter Straße* abgelichtet. Allerdings zählt das rechte Eckhaus zum Friedrichsplatz (Nr. 12). Diesem Haus kommt in der Baugeschichte der *Oberneustadt* eine besondere Bedeutung zu, da es 1688 als erstes erbaut wurde. Der Planer der Oberneustadt, Paul du Ry, hatte es für sich selbst vorgesehen. Eine später angebrachte Marmortafel erinnerte daran, daß Landgraf Karl persönlich den Grundstein gelegt hatte.
Im 19. Jahrhundert veränderte ein grundlegender Umbau das Haus erheblich, dagegen bot die anschließende Häuserfront in der Frankfurter Straße ein wenig gewandeltes Aussehen. Über den Hausgiebeln ragt der Glockenturm der *Karlskirche* in den Himmel.

W. BECKMANN

Blick durch den Bogen des *Zwehrentores*, des einzigen mittelalterlichen Tores der Stadt, von dem etwas auf unser Jahrhundert überkommen ist. Wie die übrigen Tore der rechtlich selbständigen *„Freiheit“* wurde dieses Tor um 1330 erbaut. Doch führten nachmittelalterliche Änderungen, insbesondere Umbauten für astronomische Zwecke im 18. Jahrhundert, zu einem gewandelten Aussehen.
Als Gründungsjahr des *Elisabeth-Hospitals* am *Steinweg* gilt 1297. Seinen Namen führte das Hospital nach der heiligen Elisabeth, der Stammutter des hessischen Fürstenhauses. Entsprechend seiner Bestimmung, anstekkende und insbesondere aussätzige Kranke aufzunehmen, lag es damals außerhalb der Stadt. Erst bei Anlage der „Freiheit“ war es in bewohntes Stadtgebiet einbezogen und verlor seine Funktion, Aussätzige aufzunehmen. Diese fanden Unterkunft im Siechenhof vor der Unterneustadt. Das Elisabeth-Hospital diente aber weiterhin der Aufnahme von Kranken und Armen.

Gegenüberliegende Seite:
Im Jahre 1586 ließ Landgraf Wilhelm IV. das mittelalterliche Bauwerk des *Elisabeth-Hospitals* unter Einbeziehung von Nachbargrundstücken erheblich vergrößern. Seit dieser Zeit diente das Hospital vorzugsweise der Unterbringung nicht mehr arbeitsfähiger Bediensteter des landgräflichen Hofes.
Drei Giebel des Hospitals sind der *Obersten Gasse* zugewandt. Das gegenüberliegende Haus Oberste Gasse 1 lehnte sich an den – auf dieser Fotografie nicht mehr erfaßten – Zwehrenturm an.
Die auffallend geradlinige Oberste Gasse gehörte zu der sorgfältig geplanten Stadtanlage des 14. Jahrhunderts, die als „Freiheit“ im wesentlichen die Straßen Graben, Mittelgasse und Oberste Gasse mit ihren rechtwinkligen Querverbindungen umfaßte. Kirchlicher Mittelpunkt war die St. Martinskirche.

Haarschneiden,
risiren & Rasiren.
Toilettenartickel.
CIGARREN
TABAK
2729. Cassel, Oberste Gasse.

C L Z H – Diese Anfangsbuchstaben auf dem von zwei freistehenden Säulen getragenen Gebälk weisen auf den fürstlichen Bauherrn hin: Carl Landgraf zu Hessen, der das *Kunsthaus* am *Steinweg* im Jahre 1696 zur Unterbringung diverser Sammlungen (Naturkundliches, wissenschaftlich-technische Instrumente, Uhren, Skulpturen, Gemälde und anderes) einrichten ließ.
Das Kunsthaus ist aus einem Umbau des unter Moritz dem Gelehrten 1604 bis 1605 von Wilhelm Vernukken errichteten Schauspielhauses hervorgegangen, das der erste Bau dieser Art in Deutschland war und nach dem ältesten Sohn des Landgrafen den Namen *Ottoneum* erhielt.
Der Betrachter dieses Bildes mag den *Papinbrunnen* vermissen. Das Fehlen des 1906 errichteten Brunnens läßt eine erste Eingrenzung der Entstehungszeit dieser undatierten Fotografie zu.

Gegenüberliegende Seite:
Wenn jener historische Platz, wo jahrhundertelang Burg und Schloß der hessischen Landesfürsten sich erhoben, von neuen Herren mit einem schloßartigen Verwaltungspalast im Stil der Renaissance bebaut wurde, so ist dem ein gewisses Maß an Demonstrationscharakter wohl kaum abzusprechen.
Der aus einem vierflügeligen Gebäude mit Innenhof bestehende Komplex des *Regierungs- und Justizgebäudes* wurde von der preußischen Landesregierung in den Jahren 1877 bis 1882 errichtet.
Hier hatte bis zum Jahre 1811 das landgräfliche Schloß aus dem 16. Jahrhundert gestanden, das gotische Burgbauten ersetzte.
Die Fotografie zeigt die Front des Regierungsgebäudes.

Verwinkelte Häuserfront am *Marställer Platz* zwischen Schloßplatz (links außerhalb der Fotografie) und *Tränkepforte* (rechts).
Der Marställer Platz gehört zum ältesten Teil der Stadt. Unter seiner Oberfläche liegen die Reste der ersten Pfarrkirche der Stadt, die dem heiligen Cyriakus geweiht war. Über die Geschichte der Kirche ist nur wenig bekannt. Zur Zeit der Einführung der Reformation wurde sie abgebrochen, nachdem die gegenüberliegende Klosterkirche die Funktion der Pfarrkirche der Altstadt übernommen hatte.

Der *Marställer Platz* vom Rondell aus gesehen. Am linken Bildrand Fensterachsen des *Justizgebäudes*. In der Mitte überragen das große Dach der *lutherischen Kirche* am Graben und die neugotischen Türme der *Martinskirche* die Platzrandbebauung. Rechts das *Marstallgebäude*, das 1591 bis 1593 an der Stelle eines alten Adelshofes von dem Baumeister Hans Müller errichtet wurde. Zwar diente das Gebäude bestimmungsgemäß der Unterbringung der landgräflichen Pferde und Wagen, doch fand in den Obergeschossen auch anderes Platz: Ein Inventar aus dem Jahr 1612 führt unter anderem eine Kunstkammer, eine Schneiderei, eine Buchdruckerei und ein Laboratorium auf. Bis zum Jahr 1779 war im Marstall auch die fürstliche Bibliothek untergebracht.

Oben:
Der *Marställer Platz* zu Beginn der dreißiger Jahre mit einer Menschenansammlung vor dem Justizgebäude. Bis zum Jahre 1910 hatte der *Marstall* einem Teil des Husaren-Regiments Nr. 14 als Kaserne gedient. Anschließend wurde das Renaissancegebäude an Geschäftsbetriebe aller Art vermietet. So ist über dem Hauptportal das Angebot einer Firma zu lesen: „Autoreifen-Erneuerung".

Unten:
Auf dem *Marställer Platz* gegen Ende der dreißiger Jahre. Rechts die Eingangsecke der Gastwirtschaft „Zur Gerichtsschänke", im Hintergrund Häuser der *Tränkepforte*. Auf dem Marställer Platz wurde traditionell der Zissel eröffnet. Zisselgarde und Innungen marschierten auf, nach Ansprachen läutete die Marstall-Glocke den Zissel ein und Karussells und Buden boten Vergnügungen. Im Vordergrund trägt ein Zisselgardist die 1936 eingeführte Zissel-Fahne: Zwei gekreuzte Heringe über dem Wappen der Stadt Kassel.

Gegenüberliegende Seite:
Am Beginn der vom *Marställer Platz* abgehenden *Brüderstraße* bildete das sogenannte *Deichmannhaus* mit seinen Eckerkern in drei Fachwerkgeschossen einen reizvollen Blickfang. Dieses Bürgerhaus stammte aus dem Anfang des 17. Jahrhunderts. Ebenso alt war aber auch das Nachbarhaus, das sein Fachwerk hinter Putz verbarg. Daran anschließend erhob sich die *Brüderkirche*, eine Klosterkirche, die die Brüder des Ordens unserer lieben Frau vom Berge Karmel im Jahre 1292 zu bauen begannen. Seit Einführung der Reformation diente sie der Altstädter Gemeinde als Pfarrkirche.
Vom Marställer Platz aus ist weiter rechts eine teilweise durch Bäume verdeckte Gebäudegruppe zu sehen, der *Renthof*. Aus dessen Geschichte ist besonders hervorzuheben, daß hier in den Wirren des Dreißigjährigen Krieges eine Universität für den akademischen Nachwuchs in der Landgrafschaft Hessen-Kassel sorgte.

Carl Deichmann
Nachf.
Restauration zum Renthof von G. Viehmann.
Restauration Georg Viehmann.

ELSA

Das prächtige alte Eckhaus *Untere Fuldagasse 9* stand im 18. Jahrhundert noch an einer Stelle, an der viel Straßenverkehr vorbeifloß. Über die alte Fuldabrücke – die in der Verlängerung der rechten Gasse lag – kamen Fuhrwerke und Fußgänger, um durch Obere oder Untere Fuldagasse den Altmarkt zu erreichen.
Der Prellstein an der Hausecke mag manchen Wagen auf Distanz gehalten haben. Ruhig wurde es, als die 1794 errichtete, flußabwärts gelegene Wilhelmsbrücke den Verkehr aufnahm und die zum Teil schon eingestürzte alte Brücke abgebrochen wurde.

Gegenüberliegende Seite:
Im 16. und 17. Jahrhundert wurden Staatsverwaltung und Rechtspflege in der Landgrafschaft Hessen-Kassel nach neuen Prinzipien gestaltet, so daß gesteigerte Raumbedürfnisse auftraten. In unmittelbarer Nachbarschaft seines Schlosses ließ deshalb Landgraf Wilhelm IV. einen *Kanzleibau* errichten, in dem er den Regierungsapparat unterbrachte. Landgraf Wilhelm nahm an den Regierungsgeschäften lebhaften Anteil. Um jederzeit an den Sitzungen seiner Räte teilnehmen zu können, ließ er Schloß und Kanzleigebäude durch einen unterirdischen Gang verbinden.
An der *Schlagd* vor dem Kanzleigebäude liegt der Schaufelraddampfer „Elsa“, der seit 1896 die beliebten Ausflugsfahrten zur „Grauen Katze“ unternahm.

Deichmannhaus
Kaffee

Blick vom *Altmarkt* durch die *Brüderstraße* zum *Marställer Platz*.
Die Brüderstraße hat ihren Namen von den Brüdern des Ordens unserer lieben Frau vom Berge Karmel. Die Karmeliterbrüder, die zu den Bettelmönchen zählten, wurden im Jahre 1262 von dem ersten hessischen Landesfürsten Heinrich I. nach Kassel gerufen.
Dem setzten allerdings die Nonnen des Klosters Ahnaberg Widerstand entgegen, so daß es Jahrzehnte dauerte, bis es den Karmeliterbrüdern unter bestimmten Voraussetzungen zugestanden wurde, in Kassel ein Kloster zu errichten.

Gegenüberliegende Seite:
Blick vom *Marställer Platz* durch die *Brüderstraße* zum *Altmarkt*. In der Bildmitte das Erkerhaus Brüderstraße 2, dessen Eigentümer seit 1830 der Kaufmann Karl Deichmann war. Die aufgekommene Bezeichnung *Deichmannhaus* blieb auch erhalten, als der Besitzer wechselte.
Das Haus ist vermutlich im Jahre 1603 von dem 1590 eingewanderten Kaufmann Gerwin Sandtmann errichtet worden. Der bekannte hessische Chronist Wilhelm Dilich mag auch dieses Haus vor Augen gehabt haben, als er im Jahre 1605 Kassel „sowol wegen der vornemen Kaufmanschaft als der schönen Fürstlichen Paläste und sonst bürgerlicher Wohnungen halber“ besonders rühmte.

Dieser Fotografie vom *Altmarkt* fehlt völlig das Idyllische, das andere Bilder von diesem Platz häufig bieten. Doch ging es hier darum, ein Ereignis zu dokumentieren. Anlaß war für den Fotografen die Einsammlung von Pferden bei Ausbruch des Ersten Weltkrieges. Da das Kraftfahrzeug als Transportmittel noch eine geringe Rolle spielte, war das Pferd für den militärischen Einsatz unentbehrlich.

Ein Bretterzaun rechts neben den Häusern Altmarkt 2 und 3 erinnerte den Ortskundigen an den Stadtbau, der wenige Jahre zuvor einer neuen breiteren Fuldabrücke weichen mußte.
Im Hintergrund – jenseits der Fulda – ist das *Kastell* zu erkennen.

Blick vom Rondell auf *Schlagd, Wilhelmsbrücke* und *Unterneustadtufer*.
In dieser Gegend muß schon früh ein Flußübergang existiert haben, zunächst sicherlich nur eine Furt. Von einer Fuldabrücke ist erstmals im Jahre 1336 die Rede. Ihre Erbauungszeit liegt im Dunkel. Man nimmt an, daß es sich um eine einfache Holzkonstruktion gehandelt hat.
Meister Klaus, der Steinmetz, wird als Baumeister der steinernen Brücke genannt, die in den Jahren 1509 bis 1512 errichtet wurde. Als gegen Ende des 18. Jahrhunderts trotz Reparaturen der Verfall nicht mehr aufzuhalten war, mußte sie abgebrochen werden. Dennoch war ihr die längste Lebensdauer von allen Fuldabrücken beschieden.
Von zwei Brückenpfeilern blieben bis in unser Jahrhundert die Stümpfe als Eisbrecher erhalten. Auf unserer Fotografie sind sie im Mittelgrund, vor der flußabwärts errichteten Wilhelmsbrücke von 1788, auszumachen.

Deutlich zeigt die Fotografie, daß die *Wilhelmsbrücke* für den Straßenverkehr, insbesondere mit den elektrischen Straßenbahnen, nur wenig Platz bot. Vielleicht wollte der Fotograf gerade das mit seiner Aufnahme veranschaulichen.
Im Frühjahr 1909 kam es deshalb zum Abbruch dieser soliden dreibogigen Sandsteinbrücke, der man bei ihrer Fertigstellung Ende des 18. Jahrhunderts eine Zukunft von vielen hundert Jahren prophezeit hatte. Entfernt wurde auch die Tafel mit der Inschrift: „Unter der Regierung Wilhelm IX. Landgrafen zu Hessen war der Bau dieser neuen Brücke wegen Schadhaftigkeit der alten zu Nutzen und Zierde dieser Stadt im Jahre 1788 angefangen und 1794 glücklich vollendet."

Manfred Haußmann

Als Kassel noch Cassel war

Satz und Druck von Werner Wiegand
Kassel 1998

Manfred Hausmann:
Als Kassel noch Cassel war

Im Jahre 1904 wurde ich angehalten, zur Schule zu gehen. Wir wohnten damals in der Mönchebergstraße. Und so trottete ich Morgen für Morgen mit dem fellbezogenen Ranzen auf dem Rücken quer durch das alte Kassel oder Cassel, wie es sich noch schrieb, nach der rund zweieinhalb Kilometer entfernten Henkelschen Vorschule am Weinberg. Der Griffelkasten klapperte gegen die Schiefertafel, und der Schwamm baumelte seitlich an einem Bindfaden.

Vielleicht begegnete ich schon in der Mönchebergstraße einem Sprengwagen. Er bestand aus einem großen Tank, der an seinem hinteren Ende drei siebartige Wasserausläufe hatte. Der mittlere sandte einen Strahlenfächer nach unten, der rechte und linke je einen Bogen nach den Seiten. Damit sollte der Straßenstaub an heißen Sommertagen niedergeschlagen werden, was natürlich eine Illusion war.

kam dem Sprengwagen ein Fuhrwerk entgegen oder überholte er ein haltendes, dann stellte der Lenker das Gespritze an der betreffenden Seite während der kurzen Zeit des Vorbeifahrens ab, so daß Pferd und Wagen trocken blieben. Voller Spannung wartete ich jedesmal darauf, daß der Abstellhebel zu spät betätigt würde. Dann stiegen die besprengten Pferde vor Schrecken hoch, und es gab ein herzhaftes Geschimpfe. Ich lernte bei dieser Gelegenheit urtümliche Redewendungen kennen, die mir bei der nächsten Auseinandersetzung auf dem Schulhof die Bewunderung meiner Freunde eintrugen. Ehe ich in die Moritzstraße abbog, lief ich schnell noch durch einen der seitlichen Wasserstrahlen und erschauerte an meinen nackten Beinen vor Kälte und in meinem Herzen vor Lust am verbotenen Tun.

Von der Moritzstraße aus hatte ich in einer unvergeßlichen Nacht an der Hand meines Vaters klopfenden Herzens auf den Riesenbrand der Buntpapierfabrik hinuntergestarrt, bei dem ich zum ersten Male die düstere Dämonie des Elementarischen verspürte. Wenn aus dem Zusammensturz der Wände die freien Flammen hoch in die schwarzen Rauchwolken hinauf waberten, wobei sie ein Gestöber von brennenden Papierfetzen mit emporrissen und sie gleich märchenhaften Vogelschwärmen in die Nacht hinaussandten, durchwogte mich eine wilde Genugtuung. Ich hielt es ganz und gar mit dem Feuer. Das entfesselte Element sollte siegen. Und das ist so geblieben, ob es sich um eine Feuersbrunst handelt, um einen Sturm auf See, um eine Überschwemmung oder um ein anderes Wüten der Naturkräfte. Etwas in mir steht jenseits aller Vernunft, immer wieder auf der Seite des Gewaltigen.

In der Henschelstraße spitzte ich die Ohren, um festzustellen, ob nicht das langsame „Bim... bim...bim..." ertönte, das anzeigte, daß sich eine neue Lokomotive der Henschelwerke auf dem Gleis von der Fabrik durch die Wolfhager Straße zum Unterstadtbahnhof bewegte. War das der Fall, dann rannte ich, was ich konnte, um des von schwarzem Lack, rot abgesetztem Linienwerk und messingenen Armaturen glänzenden Ungetüms ansichtig zu werden. Ein verwirrender und eigentlich gegen die bürgerliche Ordnung verstoßender Vorgang, diese Fahrt einer Lokomotive durch eine von Häusern eingerahmte und von Menschen begangene Straße. Zur Vorsicht schritt dann auch ein Mann mit einer roten Signalfahne, die er unentwegt schwenkte, vor der Lokomotive her. Es erschien mir als das Glück des Glücks, ja als das höchste aller irdischen Ziele, im Führerhaus einer so gewaltigen und geheimnisvollen Maschine stehen und an ihren Hebeln hantieren zu können. Der Beruf eines Lokomotivführers kam für mich gleich nach dem des Kaisers, wenn er ihn nicht an Abenteuerlichkeit und Phantastik noch übertraf. Aber es bestand nicht die geringste Aussicht, daß ich mit meinen schwachen Kräften jemals eine so erhabene Stellung erreichen würde. Dennoch lebte durch Jahre hindurch eine auch nicht. Es ging um den Zauber des Theaters, der nicht unbedingt ein künstlerischer zu sein braucht. Ich erlebte eine Welt des Scheins, die dennoch ihre Wahrheit hatte. Mir geschah etwas Vergehendes, das dennoch in meinem Dasein blieb. Was ich sah und hörte, diese traumhaften Bilder und Räume, die unwirklichen Menschen, diese noch nie vernommene Sprache, diese überirdische, traurig stimmende Musik, in die alles getaucht war, enthob ich mir selbst und offenbarte mir dennoch mein Tiefstes, mein eigentliches Wesen. Nie würde ich aufhören, mich nach dieser Welt hinter der Welt zu sehnen. Wenn ich mit dem Ranzen auf dem Rücken an dem verwunschenen Haus vorbei ging, glaubte ich, hinter den verschlossenen Türen eine gedämpfte Musik zu hören. Und sogleich stand der lichterhelle Saal und der verheißungsvoll sich bewegende Vorhang wieder vor meinen Augen. Ich glaubte sogar, den Duft zu spüren, der kühl von der Bühne

zarte, wenn auch tief verborgene Hoffnun mir, durch irgendein Wunder könne das U mögliche dennoch möglich werden. Später w en es andere, ebenso unerreichbare Ziele, denen ich träumte. Aber der heimliche Glau an das Wunder blieb der gleiche.

Nach dem Rund des Königsplatzes tat sich a bald linker Hand der Friedrichsplatz mit seinen ungewöhnlichen Maßen auf. Aber mein Blick wurde unwiderstehlich nach der anderen Seite gezogen, nach einem Gebäude, das sich an der Ecke des sehr viel kleineren Opernplatzes erhob, nach dem Hoftheater. Hier hatte ich zum ersten Mal in meinem Leben die Überwältigung, die vom Theater ausgeht, erlitten, so muß ich schon sagen. Erlitten, weil sie mich nicht nur mit einer unsagbaren Beseligung, sondern auch und vor allem mit einer ebenso unsagbaren Wehmut erfüllt hatte. Das Weihnachtsmärchen, das ich dort sah, hieß „Wie Klein-Elschen das Christkind suchte“. Wahrscheinlich hatten Stück und Darstellung nicht viel mit Kunst zu tun. Darum ging es

herabwehte, wenn es dunkel wurde und die Szene sich öffnete.
An der rechten Seite der Oberen Königsstraße-Ecke Fünffensterstraße befand sich das Sattlergeschäft von Pauswang, in dessen Schaufenster ein isabellfarbenes Pferd in Lebensgröße stand. Ich wußte, daß es sich um einen der sechs Isabellschimmel handelte, die im Januar des Jahres 1875 den Leichwagen des letzten hessischen Kurfürsten von Schloß Horschowitz in Böhmen, dem Aufenthaltsort des Verbannten, nach Cassel gezogen hatten und dann erschossen worden waren, weil sie keinen anderen Dienst mehr tun sollten. Wenn ich das schöne Tier betrachtete, sah ich den Leichzug vor mir, wie er sich langsam durch die verschneiten Lande bewegte.
Manchmal wandelte mich auch die Lust an, meinen Weg durch die Altstadt und nicht durch die Königsstraße zu nehmen. Es waren weniger die architektonischen Reize der engen Gassen mit ihren schnitzverzierten Fachwerkbau-

ten, die mich dazu bestimmten, als der winzige Spielwarenladen von Ludovici in der Müllergasse. Das Schaufenster, oder besser das Schaufensterchen, erregte mein höchstes Entzücken. Was für Schätze gab es da aber auch zu bestaunen! Zum Beispiel die tönende Nachtigall, deren Schwanz in ein Mundstück auslief. Füllte man sie mit Wasser und blies hinein, dann ließ sie ein lullendes Schluchzen vernehmen, das mir zu Herzen ging. Oder die kleinen an Gummifäden aufgehängten Ungeheuer, die man zu einem wunderbar weichen Auf- und Niederhüpfen bringen konnte. Und dann die bemalten Zinnfiguren, Soldaten vor allem, die in Reih und Glied standen, aber auch Kirchen, Häuser, Postkutschen, Bäume und Menschen. Nicht zu vergessen die verschiedenen Peitschen, die zum Antreiben der ebenfalls vorhandenen „Dullerdöppe" dienten. Die Krönung stellte ein bauchiger Brummkreisel dar, den man vermittels eines aufgewickelten und schnell abgezogenen Bindfadens zum Wirbeln brachte, woraufhin eine summende

Musik von sich gab. Kein Gedanke, daß ich ein solches Wunderwerk jemals hätte erstehen können. Sein Preis überstieg meine Finanzkraft, die sich in der Höhe eines Groschens bewegte, um ein Beträchtliches. Aber vielleicht kam der silberne Hahn in Frage, der, wenn man den Atem in ihn hineinstieß, mit blecherner Stimme „Kökörököööö" sagte. Da galt es, gut und lange mit sich zu Rate zu gehen, auf welche Weise das Kapital anzulegen sei. Es konnte sogar vorkommen, daß ich darüber verabsäumte, rechtzeitig in der Schule einzutreffen, und mir deshalb einen Tadel zuzog, was meine Mutter übel vermerkte, während mein Vater sich an die Nase faßte und nur „Na ja" sagte.

Der Abbruch der Wilhelmsbrücke hatte wegen der großen Festigkeit des Mauerwerks und der benutzten Mörtelmaterialien mehr Zeit in Anspruch genommen als geplant, so daß es erst im Herbst des Jahres 1909 möglich war, mit dem Aushub der Baugruben für die Widerlager der neuen *Fuldabrücke* zu beginnen.
Im Frühjahr 1910 wurde mit dem Gerüstaufbau begonnen. Auf der Fotografie sind die Arbeiten kurz vor dem Abschluß. Nach dem Ausgießen mit Beton mußte das große Gewölbe sechs Wochen aushärten.

Am 7. Dezember 1910 konnte die mit einem Kostenaufwand von 625.000 Mark erbaute Brücke dem Verkehr übergeben werden.
Nur 35 Jahre hatte die Brücke Bestand. Am Ostersonntag 1945 sprengten sie deutsche Soldaten, um das Vorrücken der US-Truppen zu behindern.

Eine stimmungsvolle Aufnahme von *Fulda* und *Unterneustadt* in Eis und Schnee im Jahre 1929. In dem besonders strengen Winter dieses Jahres, in dem die Fulda eine starke lückenlose Eisdecke bildete, fand vor allem die Jugend ihr Vergnügen auf der Eisfläche. Ihr Vergnügen hatten in zwei Wintern früherer Jahrhunderte (1740 sowie 1845) offenbar auch die Kasseler Küfermeister. Beide Male zimmerten sie auf der zugefrorenen Fulda „bey allerhand Lustbarkeiten" ein großes Faß.

Im Vordergrund erinnert ein Eisbrecher im Fluß an die Stelle, an der bis zum 18. Jahrhundert eine alte Steinbrücke über die *Fulda* führte. Ein weiteres Überbleibsel war das überhängende kleine *Brückenhaus* auf der Unterneustadtseite, das einst am Brückenansatz stand. In den dreißiger Jahren wurde das Häuschen am Anfang der *Bettenhäuser Straße* saniert, so daß es mit seinem freigelegten Fachwerk einen malerischen Anblick bot.

Das *Kastell* an der *Fuldabrücke* spielte eine wechselvolle und zeitweilig bedeutsame Rolle in der Stadtgeschichte. Die wehrhafte Anlage war unter anderem Lazarett, Fabrik, Artilleriekaserne, Staatsgefängnis und Militärarrest. Hier hatten die Männer des Dörnbergschen Aufstandes gegen Jérôme Napoleon eingesessen, die 1809 bei Bettenhausen erschossen wurden.
Der bekannteste Gefangene war zweifellos der Demokrat Dr. Gottlieb Kellner, der Herausgeber der politisch-satirischen Zeitschrift „Die Hornisse". Nachdem der Kurfürst mit Hilfe auswärtiger Truppen die „alte Ordnung" wiederhergestellt hatte, wurde Kellner in Haft genommen. Mit Hilfe des Gefangenenwärters Friedrich Zinn gelang ihm 1852 eine spektakuläre Flucht, über die in Kassel folgendes Spottlied kursierte:
„Der Kellner und der Zinn,
Wo sind die beiden hin?
An der Fulda sind sie runter,
An der Schlagd, da lag der Plunder."
Der Eingang zum Kastell lag in der *Mühlengasse* (unteres Bild).

Die Fotografie zeigt jenen Teil der *Mühlengasse*, der nördlich des Holzmarktes lag, gesehen von der platzartigen Erweiterung vor der Unterneustädter Mühle in Richtung Holzmarkt und Fuldabrücke.
Einige der mehrere Jahrhunderte alten Häuser zeichneten sich durch gute Steinmetzarbeiten an den Sockelgeschossen und durch reiche Schnitzerei in den Treppenhäusern und an den Türen aus.

Gegenüberliegende Seite:
Die Nordostecke des *Holzmarktes* während des Hochwassers im Jahre 1909. Anfang Februar trat die Fulda über die Ufer und drang vor allem in die niedrig gelegene Unterneustadt ein, die auch in früheren Jahrhunderten immer wieder unter Hochwasser zu leiden hatte.
Als erstes mußte die Straßenbahn ihren Betrieb einstellen. Fuhrleute richteten sofort einen regelmäßigen Fahrdienst ein. Auf unserer Fotografie verläßt gerade ein solcher Personentransport den Holzmarkt in Richtung Waisenhausstraße. In anderen Gassen und Straßen stieg das Wasser noch höher. Militär, Polizei und Sanitätsmannschaften waren Tag und Nacht im Einsatz, um Gefährdete in Sicherheit zu bringen und vom Wasser eingeschlossene Bewohner mit Lebensmitteln zu versorgen.
Erst nach einigen Tagen, am 8. Februar 1909, sank der Wasserstand langsam ab. Der wirtschaftliche Schaden war groß, so daß die Unterneustädter mit besonderem Nachdruck eine Flußregulierung forderten.

Conrad Pippert.
Fleischermeister.
General-Agentur
ZÜRICH DEUTSCHER
Bäckerei & Mehlverkauf Johannes Happel
Brod & Feinbäckerei von

Durch den Bau des Walzenwehres und der Edertalsperre konnte die Hochwassergefahr an der Fulda zweifellos reduziert werden. Doch verhinderten diese Vorkehrungen nicht, daß in der Neujahrsnacht 1925/26 die *Unterneustadt* eine Hochwasserkatastrophe erlebte, die jene von 1909 noch übertraf. Glücklicherweise sank bereits am Nachmittag des Neujahrstages das Wasser wieder. Dieses Hochwasser hatte längst geforderte bauliche Maßnahmen zur Folge: Die alten Eisbrecher in der Fulda wurden abgerissen und das Flußbett vertieft.

Oben:
Blick vom *Holzmarkt* durch die *Leipziger Straße* auf die *„Elwe"*, das Landgerichtsgefängnis in der Leipziger Straße 11.

Unten:
Nur auf schwankenden Stegen konnten die Bewohner des *Blücherviertels* die Drahtbrükke erreichen.
Rechts das Haus Maulbeerplantage 27, im Hintergrund das Haus Maulbeerplantage 25 mit dem Restaurant „Blücherhof".

Gegenüberliegende Seite:
„Um das Eindringen des Wassers zu verhindern, auch wenn die Umgebung gleichmäßig unter Wasser gesetzt wird" – so die Formulierung in einem zeitgenössischen Bericht – erhielt der am Rande der Unterneustadt geplante Kirchenbau einen erhöhten Untergrund.
Es war der 17. Mai 1802, als auf dem neu geschaffenen ovalen *Unterneustädter Kirchplatz* der Grundstein für eine Kirche gelegt wurde. Um das Gotteshaus vor dem Zugriff der königlich-westfälischen Regierung zu bewahren, die es dem Militär als Lagerraum überlassen wollte, wurde die *Unterneustädter Kirche* noch vor ihrer Fertigstellung eingeweiht.
Freilich war das nicht die erste Kirche in der Unterneustadt. Die mittelalterliche Magdalenenkirche auf dem Holzmarkt war 1795 abgebrochen worden, da sie der begradigten Verkehrsführung vom Altmarkt über die Wilhelmsbrücke zur Leipziger Straße im Wege stand.

Gegenüberliegende Seite:
Die vor der Unterneustadt gelegene *Leistersche Wiese* (heute ungefähr Platz der Deutschen Einheit). Der Weg im Vordergrund ist die *Tapsgasse*. Am linken Bildrand verläuft in einer leichten Kurve die *Leipziger Straße*. Die im Frühjahr und Herbst veranstaltete Vergnügungsmesse war im Grunde genommen ein Rest jener Kasseler Messe, die Landgraf Friedrich II. 1763 zur Hebung der Wirtschaft einrichtete. Diese Verkaufsmesse, die in Hallen und auf Straßen der Oberneustadt abgehalten wurde, diente noch im 19. Jahrhundert der Versorgung der Bevölkerung, nahm jedoch an Bedeutung ab. Erhalten blieb der mit der Messe von Anfang an verbundene Vergnügungsrummel. Diese Messe wechselte des öfteren den Standort. Vor dem zweiten Weltkrieg fand sie lange Zeit auf dem umzäunten Areal an der Leipziger Straße statt.

Oben:
Eingang zum Vergnügungspark in der Leipziger Straße, an dem ein Eintrittsgeld zu entrichten war.

Unten:
Buntes Treiben um die Messe-Attraktionen.

Die *Fulda* unterhalb des Hafens in den zwanziger Jahren. Das saubere Wasser lockte viele Badelustige an diesen Fuldastrand, der in der Verlängerung der Schützenstraße lag.

Hinter dem *Dampfer „Elsa"*, der in das untere Fuldatal unterwegs ist, ragt de Kirchturm von *Wolfsanger* empor. Vor dem Bug des Dampfers erkennt man di Fähre, mit der man die Schrebergärten auf der rechten Fuldaseite erreichen konnte

Wieder einmal – hier eine Aufnahme aus den dreißiger Jahren – legte der *Schaufelraddampfer „Elsa“* von der *Schlagd* ab zur Fahrt in das Fuldatal, wie schon seit Jahrzehnten.

Als „Gustav“ war das Schiff 1892 in Hann. Münden vom Stapel gelaufen, seit 1896 bot es als „Elsa“ Gelegenheit zu unterhaltsamen Kaffeefahrten auf der Fulda, insbesondere zur idyllisch gelegenen Gastwirtschaft „Graue Katze“.

Häuser an der *Schlagd*, dem Altstädter Ufer der Fulda zwischen Rondell und Karlshospital. Im linken Bildteil die *Untere Fuldagasse*, die – weil höher gelegen – zur Schlagd hin abrupt mit einer Abmauerung und einem Zaun endete, nachdem die dort einmündende spätmittelalterliche Fuldabrücke abgebrochen worden war.
Als Hafen und Stapelplatz vermittelte die Schlagd in früheren Jahrhunderten Warenumschlag vom Wasser zum Land und umgekehrt. Sie wurde vor allem für die Anfuhr von Baumaterialien genutzt.
Doch auch Personenverkehr war an der Schlagd zu finden. So gingen noch in der ersten Hälfte des 19. Jahrhunderts „wöchentlich zweymal die Marktschiffe nach Milsungen, Rotenburg und Herßfeld ab und zu."

Zweifellos war die 1910 fertiggestellte *Fuldabrücke* breit genug, um auch starken Straßenverkehr aufnehmen zu können. Dafür war wieder einmal ein historisch bedeutendes Bauwerk geopfert worden: Der *Stadtbau* unmittelbar neben der alten Wilhelmsbrücke. Als der geplante Abbruch bekannt wurde, regte sich heftiger Protest – vergeblich.
Jahrzehntelang blieb eine häßliche Baulücke in der Fuldafront (auf unserer Fotografie rechts von der Brücke). Der aus dem 16. Jahrhundert stammende Stadtbau war stets auf das engste mit dem gesellschaftlichen Leben der Stadt verbunden. Hochzeiten, Maskenbälle und andere Feste wurden in den Sälen gefeiert. Hier haben die kurhessischen Abgeordneten getagt, haben sich Bürgerwehr und Feuerwehr getroffen, nahmen die Kasselaner an den Veranstaltungen des Kunstvereins und des hessischen Geschichtsvereins teil.

Der *Altmarkt*, einst die Stelle, an der sich mehrere bedeutende Handels- und Heerstraßen kreuzten, der Platz, auf dem Wochen- und Jahrmärkte stattfanden sowie zentraler Versammlungsplatz bei besonderen Anlässen.
Auf diesem Platz hatte – wie hätte es anders sein können – das Rathaus der Stadt gestanden. Das mittelalterliche Fachwerkgebäude mit dem steinernen Erdgeschoß war allerdings im Frühjahr 1837 wegen seines schlechten baulichen Zustandes abgebrochen worden. Damit wurde die geschlossene nördliche Platzfront des Altmarktes aufgebrochen.
Durch die *Fischgasse* herauf näherten sich am 3. Juni 1910 um 12 Uhr 30 mit hoher Geschwindigkeit die ersten Wagen der Prinz-Heinrich-Automobilwettfahrt dem Altmarkt, um durch die *Brüderstraße* weiterzufahren.

Die Ostseite des *Altmarktes* mit drei erkergezierten Häusern, zwischen denen eine Gasse zur Schlagd hinunterführte. Rechts neben dem Haus der Gebrüder Semmelrock öffnete sich der Platz zur Fuldabrücke.
Als diese Aufnahme um die Jahrhundertwende entstand, waren die Erkerhäuser verputzt, obwohl unschwer zu erkennen ist, daß der Putz Fachwerk verbarg.
Im 18. Jahrhundert war es zur Mode geworden, Häusern das Aussehen von Steinbauten zu geben, da diese als wertvoller galten. Vorbilder boten die massiven verputzten Häuser in der Oberneustadt. So verschwand manche schöne Fachwerkfassade unter Putz. Erst denkmalpflegerischen Bemühungen gelang es, in den ersten Jahrzehnten unseres Jahrhunderts die Fachwerkhäuser am Altmarkt in alter Schönheit wieder erstehen zu lassen.

Die Fassade des Hauses *Marktgasse 33*, des Eckhauses zum *Judenbrunnen*, wurde in den dreißiger Jahren restauriert. (Unsere Fotografie stammt aus den ersten Jahren nach 1900).
Das Haus nahm vermutlich schon nach der Erbauung im Jahre 1642 die Apotheke „Zum güldenen Hirsch" auf. Aus der Reihe der Apotheker ist besonders der 1891 verstorbene Dr. Johann Georg Glässner zu erwähnen, der seine umfangreichen, wertvollen Privatsammlungen (Münzen, althessiche Funde, Porzellan, Glas u.a.) der Stadt Kassel „als untrennbares Ganzes für ewige Zeiten" vermachte.

Die unweit des Karlshospitals gelegene *Judengasse* blieb vom Hochwasser des Jahres 1909 nicht verschont.
Der Name Judengasse erinnerte daran, daß hier im Mittelalter Juden gelebt haben. 1455 und 1486 wird eine Synagoge in der Judengasse erwähnt.

Das Haus *Weserstraße 2*, in dem die Fabrikantenfamilie Henschel von 1810 bis 1837 wohnte.
Georg Christian Carl Henschel, im Jahre 1808 vom königlich-westfälischen Kriegsminister in Kassel als staatlicher Kanonengießer bestätigt, arbeitete und wohnte im staatlichen Gießhaus in der Weserstraße. Zwei Jahre später führten Differenzen mit den Militärbehörden zu seiner ultimativen Entlassung: Binnen 24 Stunden mußte er mit seiner Familie das staatliche Gießhaus verlassen. Er bezog das benachbarte Haus Weserstraße 2, das ihm bereits seit einigen Jahren gehörte, richtete im Hintergebäude Werkstätten ein, baute auf den angrenzenden Grundstücken eine eigene Gießerei und eine kleine Maschinenfabrik. So wurde das Jahr 1810 zum Gründungsjahr der späteren Weltfirma Henschel & Sohn.

Die *Vogtsche Mühle* an der Fulda nach der Brandkatastrophe am 8. April 1926. Der von der *Weserstraße* her zugängliche Gebäudekomplex dieses modernen Mühlenbetriebes war von Otto Vogt seit Ende der siebziger Jahre des 19. Jahrhunderts errichtet worden. Auch der Vorgängerbau an dieser Stelle war im Jahre 1869 einem Brand zum Opfer gefallen.

Verfolgt man die Geschichte dieses Mühlenplatzes weiter zurück, so ist es möglich, bis in das Jahr 1398 zugelangen. Damals wurde die „Große Ahnaberger Mühle" erstmals als Besitz des nahe gelegenen Ahnaberger Klosters erwähnt.

Zum Kloster

„Die Kasseler Altstadt muß man bei Vollmond sehen. Wenn das fahle Licht des Erdtrabanten über dem wuchtigen Renaissancebau des Renthofs und des alten Marstalls steht, wenn man die verträumten Gassen und Gäßchen um den Altmarkt herum mit ihren farbigen Fachwerkfassaden abschreitet, ...dann taucht ein Stückchen Mittelalter in unserer Erinnerung auf, ...". So preist ein 1928 vom Stadtverkehrsamt herausgegebener Führer durch Kassel und Wilhelmshöhe die malerische Seite der Altstadt.
Eine der schwärmerisch gepriesenen, romantischen Gassen hatte der Fotograf dieser Aufnahme bei seinem nächtlichen Gang in der Nähe des *Brink* gefunden. Rechts werden die letzten Häuser der *Wildemannsgasse*, Nr. 42 und 44, vom Laternenlicht erhellt.

Gegenüberliegende Seite:
Für Altstadt-Verhältnisse war die *Artilleriestraße* ungewöhnlich breit. Sie war aber erst in den zwanziger Jahren des 19. Jahrhunderts über dem zugeschütteten Bachbett der Ahna angelegt worden. An dieser Straße erstreckte sich die nahezu hundert Meter lange Westfront des *Zeughauses*. Die zum *Töpfenmarkt* hin gelegene Haupteingangsfront wies zwei schöne Portale aus dem Jahre 1766 auf. Natürlich war das langgestreckte Bruchsteingebäude viel älter. Der Baubeginn ist für das Jahr 1581 belegt. Über Jahrhunderte hinweg diente es als Waffenmagazin.
Als im Zusammenhang mit den freiheitlichen Bestrebungen im Jahre 1848 die kurfürstliche Leibgarde am 9. April gegen Kasseler Bürger mit dem Säbel vorging, brachen diese das Zeughaus auf und versorgten sich mit Waffen. Doch erfreulicherweise kam es zu keinem weiteren Blutvergießen, da es besonnenen Bürgern gelang, die Situation zu entschärfen.

Zweifellos ging es dem Fotografen Carl Machmar nicht allein darum, den *Brunnen am Brink* isoliert als Kunstdenkmal zu fotografieren. Bewußt zog er die Gemüsefrau mit ihrem Stand ein, die über Jahrzehnte hinweg ihren Stammplatz am Brunnen hatte. Auch die drei Personen zwischen den Säulen, die dem Bild Tiefe geben, dürften nicht ganz zufällig dort stehen.
Warum allerdings der Renaissancebrunnen 1896 aus verkehrstechnischen Gründen abgebrochen wurde, war schon Zeitgenossen unbegreiflich. Selbst die Bemühungen des Geschichtsvereins, ihn an anderer Stelle wieder aufzubauen, blieben erfolglos.

Zwischen Brink und Unterer Königsstraße bot die Gasse *Pferdemarkt* manche Möglichkeit zum Einkaufen und Einkehren.
Zu den bekannten Gaststätten der Stadt gehörte die „Bärenkammer" (viertes Haus von rechts). Hier wurde sogar noch um die Jahrhundertwende – wie in vielen alten Kasseler Gasthäusern – Bier gebraut. Unter den zahlreichen regelmäßigen Gästen war auch der Lehrer und Landtagsabgeordnete Valentin Traudt zu finden.

Die *Obere Schäfergasse* in südlicher Richtung gesehen.
„Würde die übrige Stadt so dicht besiedelt sein wie die *Altstadt,* so würde Kassel 2 Millionen Einwohner zählen", errechnete eine Kasseler Tageszeitung im Jahre 1929.
Die hohe Einwohnerdichte resultierte aus den baulichen Gegebenheiten der Altstadt. Hier gab es kleine und kleinste und aufgrund ihrer geringen Wohnqualität billige Wohnungen, in die beim rapiden Anwachsen der Kasseler Bevölkerung in der zweiten Hälfte des 19. Jahrhunderts vor allem Familien mit geringen Einkommen zogen.
Im Laufe der Zeit führten allerdings ungenügende Instandhaltungsarbeiten und unterlassene Modernisierungsmaßnahmen zu baulichen und hygienischen Mißständen.

Gegenüberliegende Seite:
In der *Unteren Königsstraße*, auf dem Eckgrundstück zur Bremer Straße, hatte sich die Kasseler Judenschaft in der ersten Hälfte des 19. Jahrhunderts eine neue *Synagoge* geschaffen. Der monumentale Bau sollte aber nicht einmal 100 Jahre alt werden.
In der Nacht vom 7. zum 8. November 1938 drangen fanatische Nationalsozialisten in die Synagoge ein und demolierten sie. Neugierige schauten zu, wie die herausgeschleppten Kultgegenstände und Ausstattungsstücke angezündet und verbrannt wurden. Diese eigenmächtig durchgeführte Terroraktion ereignete sich bereits zwei Tage vor dem von Propagandaminister Goebbels inszenierten Progrom, das den beschönigenden Namen „Reichskristallnacht" erhielt. Kurz darauf wurde die Kasseler Synagoge abgebrochen.

Über den *Holländischen Platz* zog im Jahre 1913 der kulturhistorische Festzug, der den Höhepunkt der Tausendjahrfeier Kassels bildete. Der Ochsenkarren verdeckt teilweise die Nachbildung eines Wachthauses vom ehemaligen Holländischen Tor. Die Nordostseite des Holländischen Platzes begrenzten das Verwaltungsgebäude der Lokomotivfirma Henschel und Sohn (links) sowie das Haus der „Volksküche“ Diese Einrichtung war 1885 von dem Volksverein gegen den Mißbrauch geistige Getränke ins Leben gerufen worden. Dort konnten Minderbemittelte für ei geringes Geld warmes Essen und heiße Getränke erhalten.

Die *Holländische Straße* begann nicht erst am *Holländischen Platz* (oben), sondern bereits an der *Bremer Straße*. Eine vielgiebelige Zeile alter Häuser dieser Straße ist links unten in unserer Luftaufnahme zu sehen. Den Häusern gegenüber erhob sich – hinter Bäumen verdeckt – das *Volksbad*, eine Einrichtung, die aufgrund der unzulänglichen sanitären Verhältnisse in der Altstadt geschaffen worden war. Auf der gegenüberliegenden Platzseite der Südflügel des Gebäudekomplexes Bürgerschulen 5 und 6. Rechts oben schob sich das Verwaltungsgebäude der Firma Henschel und Sohn bis an den Holländischen Platz vor.

Der *Altmarkt* mit seiner Westfront. Links mündete die *Brüderstraße* auf den Altmarkt. Rechts kam die enge *Marktgasse* vom Martinsplatz herab. Diese Front stattlicher Bürgerhäuser wurde zur Brüderstraße gezählt.
Ganz links das Fachwerk-Doppelhaus Nr. 19 und 21, das Geburtshaus des Großindustriellen Wilhelm Sattler, des Erfinders des „Schweinfurter Grün". Im Hinterhaus verunglückte im Jahre 1853 der Kasseler Bürgermeister Henkel tödlich, als er beim Löschen eines Brandes half.

Es folgte eines der wenigen Kasseler Bürgerhäuser, die als Steinbau errichtet wurden. Bauherr war im Jahre 1614 der Kaufmann Johannes Bocklo.
Bis zur Anlegung des Freiheiter Durchbruchs standen daran anschließend das aus dem 16. Jahrhundert stammende Doppelhaus Nr. 25 und 27 sowie das in der Mitte des 19. Jahrhunderts erbaute Haus Brüderstraße 29, Ecke Marktgasse.

Nach langjähriger Planung und Vorbereitung und zweieinhalbjähriger Bauzeit wurde am 9. Mai 1936 mit großem Aufwand der *„Freiheiter Durchbruch"* eingeweiht. Der Durchbruch war durch das Innere von drei großen Altstadtblöcken geführt worden, um eine Verbreiterung der Marktgasse und der Brüderstraße mit ihren zahlreichen stadt- und kunsthistorisch bedeutenden Bauten zu vermeiden. Im wesentlichen diente diese Maßnahme der Verbesserung der Verkehrsverhältnisse. Wenig spektakulär war die punktuelle Wohnraumsanierung verlaufen, die die Stadtverwaltung schon in den zwanziger Jahren in der Altstadt durchgeführt hatte. Nach dem Ersten Weltkrieg hatte zwar die Aufgabe im Vordergrund stehen müssen, zusätzlichen Wohnraum zu schaffen, doch war man sich in der Stadtbauverwaltung bewußt, daß die Altstadtquartiere mit ihren hygienischen und baulichen Mißständen dringend einer Sanierung bedurften. Immerhin gelang es, mehrere hundert Altstadthäuser zu sanieren.

Mit einer „feierlichen Eröffnung der Durchbrucharbeiten“ begann am 21. Oktober 1933 die Gestaltung des *Freiheiter Durchbruchs*. Diesen werbewirksamen Auftakt hatten sich die nationalsozialistischen Spitzen einfallen lassen, um sich als diejenigen zu präsentieren, denen es gelungen war, Planungen endlich in die Tat umzusetzen.
Mit einem Haus in der Mittelgasse begann der Abbruch. Auf unserem oberen Foto ist das Haus Brüderstraße 25/27 bis zum ersten Stock abgetragen. Als letztes wurde an das Haus Brüderstraße 29 (Ecke Marktgasse) die Spitzhacke angesetzt.
Die Häuser an der neuen Straße sollten weder eine stilmäßige Nachahmung bis ins Detail noch moderne Architektur sein. Allerdings wurde als unerläßlich angesehen, daß sie sich in die Gebäudestruktur des historischen Umfeldes eingliederten.
Auf unserem unteren Foto ist der Neubau am Altmarkt zwischen Durchbruch und Marktgasse (rechts außerhalb des Bildes) kurz vor der Fertigstellung.

Gegenüberliegende Seite:
Auch für den Straßenbahnverkehr brachte der *Freiheiter Durchbruch* durch die direkte zweigleisige Verbindung zwischen Martinsplatz und Altmarkt eine bedeutende Verbesserung. Zuvor fuhr die vom Martinsplatz kommende Bahn – auf eingleisiger Strecke – ein Stück die Marktgasse hinunter, bog nach rechts in den Graben ein, um an dessen Ende vor dem Regierungs- und Justizgebäude scharf nach links einzubiegen und über Marställer Platz und Brüderstraße den Altmarkt zu erreichen.
Auf unserer Fotografie blickt man vom Durchbruch abwärts zum *Altmarkt* mit der vielfotografierten Drei-Erker-Ecke.

In der *Marktgasse*, der althergebrachten Haupteinkaufsstraße der Altstadt, reihte sich Geschäft an Geschäft. Doch auch für den Verkehr spielte die Gasse als Verbindung zwischen Altmarkt und Martinsplatz, zwischen östlichen und westlichen Stadtteilen, eine wichtige Rolle. Im Laufe der Zeit wurde die Verkehrssituation in der Marktgasse zunehmend problematisch und bildete ein Hauptargument für die Anlegung des Freiheiter Durchbruchs.
Wer vom Martinsplatz her die Marktgasse herunterkam, stieß förmlich auf ein in die Gasse ragendes Fachwerkhaus. Richtete sich der Blick hinauf zum zweiten Obergeschoß, konnte der Passant ein Relief mit dem Porträt einer Frau betrachten und die Umschrift lesen: „Die Märchenfrau aus Niederzwehren". Darunter die Inschrift: „In diesem Haus wohnten 1805-1814 die Brüder Jacob und Wilhelm Grimm und schrieben hier ihre Kinder- und Haus-Märchen."

Der Blick durch die *Oberste Gasse* zur *Martinskirche*, deren Türme über der Straßenschlucht in den Himmel ragen, war ein von Malern und Fotografen bevorzugtes Motiv. Eine Folge von Schildern, auf denen Händler und Gewerbetreibende auf sich aufmerksam machten, gibt eine Vorstellung davon, wie sich in dieser Gasse kleine Geschäfte, Gewerbetriebe und Gastwirtschaften aneinanderreihten.
Wegen seines speziellen Bieres wurde von vielen Kasselern das Gasthaus „Zum Lichtenhainer“ in der Obersten Gasse 23 (links am Bildrand) geschätzt. Das dort gezapfte obergärige Bier stammte aus Lichtenhain in Thüringen und wies einen schwach säuerlichen und etwas rauchigen Geschmack auf.

BARTH

Gegenüberliegende Seite:
Als im Jahre 1330 mit der Anlegung und dem Aufbau der *„Freiheit"* – einer zunächst selbständigen Stadtgemeinde unmittelbar neben der Stadt Kassel – begonnen wurde und in deren Zentrum – auf dem Martinsplatz – Kirche und Rathaus für eine neue Stadt entstanden, wurde neben anderen auch eine recht lange, gerade und breite Gasse von der St. Martinskirche bis zum Elisabeth-Hospital geschaffen, die *Oberste Gasse*.
Unsere Fotografie bietet einen Blick vom Südturm der *Martinskirche* in die Oberste Gasse, deren Ende vom *Zwehrenturm* überragt wird. Rechts davon das große Dach der *Garnisonkirche* mit ihrem Turm. Aber auch der Glockenturm der *Karlskirche* ist am Horizont zu erkennen, während der rechte Bildrand vom Druselturm beherrscht wird.

Die *Oberste Gasse* unweit des *Druselplatzes*. Der Doppeleingang des stattlichen Hauses auf der linken Seite (Haus Nr. 47) läßt erkennen, daß hier ursprünglich zwei Häuser bestanden. Hier im Hause der Sternapotheke wurde am 26. Juni 1843 Karl Schwarzkopf geboren, der als städtischer Armenarzt in uneigennütziger Weise für die Menschen wirkte. Daneben beschäftigte sich Dr. Schwarzkopf gern mit der Geschichte seiner Vaterstadt Kassel, ihren Familien, ihren Gebäuden und ihrer politischen Geschichte. Was er erforscht und zusammengestellt hatte, brachte er im Verein für hessische Geschichte und Landeskunde zu Gehör. Seine kenntnisreichen Vorträge erfreuten sich dort großer Wertschätzung.

Eisenwarenhandlung.
Magazin für Haus- & Küchengeräte.
OTTO RUCH
Schreib- & Zeichenwaren
Papierhandlung von Clemens
Aussteuer-Geschäft.
Haus- & Küchengeräte.
Haushaltungsmaschinen.
170

Gegenüberliegende Seite:
Im Mittelpunkt dieser Fotografie aus dem Jahre 1904 präsentiert sich das Haus *Druselplatz Nr. 6*. Das verputzte Fachwerkhaus, das ursprünglich zur *Obersten Gasse* gezählt wurde (als Nummer 53), war lange Zeit im Besitz der Hugenottenfamilie Bourdon, die bereits 1628 von Metz nach Kassel eingewandert war.
Sichtbarer Beleg für die Zugehörigkeit zur Obersten Gasse (links im Bild) war das gequaderte Eingangsportal mit der Jahreszahl 1651, das nun als Schaufenster diente.

In der Nacht zum 10. April 1905 brach im Innern des *Druselturms* ein Feuer aus, das an Kisten, Stroh und Warenvorräten so gute Nahrung fand, daß gegen 2 Uhr 30 der Turmhelm brennend auf den Druselplatz herabstürzte. Erfreulicherweise entstand an den benachbarten Häusern kein größerer Schaden. Als im Stadtparlament der Antrag auf Abbruch des Turms zur Debatte stand, wurde mit der Mehrheit von einer Stimme der Wiederaufbau beschlossen.
In dieser Zeit wies der Druselturm bereits ein Alter von fast 500 Jahren auf. Zur Verstärkung der Stadtmauer im Jahre 1415 errichtet, war er der einzige noch im Mauerwerk fast völlig erhaltene mittelalterliche Turm.
Seinen Namen hatte er von dem in unmittelbarer Nähe in die Stadt eingeleiteten Druselwasser. Zunächst floß dieses Wasser in den Druselteich, einen Feuerlöschteich, mit dessen Verfüllung im Jahre 1861 die Anlegung des Druselplatzes möglich wurde.

Im Zweiten Weltkrieg diente die *Martinskirche* als Zielpunkt für die Luftangriffe britischer Bomberverbände. Dieses markante Bauwerk war ausgewählt worden, da die Spreng- und Brandbomben in ein Stadtgebiet mit leicht brennenden Häusern fallen sollten, um eine rasche Ausdehnung der Brände zu begünstigen. Der Luftangriff vom 22. Oktober 1943 bestätigte die Richtigkeit dieser Überlegung in grauenhafter Weise.
Unsere Aufnahme aus dem Jahre 1929 hat den nördlichen Teil der *Altstadt* erfaßt, der von größeren Gebäuden umschlossen ist, die zu den Maßstäben der Altstadt nicht mehr passen. Um eine geräumige Hoffläche rechts oben im Bild gruppieren sich *Kasernenbauten* aus dem Anfang des 19. Jahrhunderts . Einbezogen ist das aus dem 16. Jahrhundert stammende *Zeughaus*. Links oben fallen die vom Sonnenlicht erhellte lange Front eines weiteren Kasernengebäudes sowie die graue Fassade der Schule an der *Bremer Straße* auf.

Für die im Jahre 1330 von Landgraf Heinrich II. veranlaßte städtische Neugründung namens Freiheit wurde als geistiger Mittelpunkt die *St. Martinskirche* geschaffen. Ihre Ausmaße lassen erahnen, daß sie mehr sein sollte als die Pfarrkirche eines Stadtteils, nämlich Dom der Stadt, wenn nicht gar Bischofskirche. Doch über erste Ansätze ist dies nicht hinausgelangt.

Über ihren Baubeginn liegen keine Quellen mehr vor. Gesichert ist lediglich, daß er vor dem Jahre 1364 geschah. Jahrzehnte, ja Jahrhunderte wurde an der Kirche gebaut. In der Mitte des 16. Jahrhunderts waren die Türme noch immer nicht fertig.

Einem weit verbreiteten Trend am Ende des 19. Jahrhunderts folgend, wollte man das Bauwerk stilgerecht vollenden. So wuchsen nach den Plänen von Professor Hugo Schneider in den Jahren 1889 bis 1892 zwei gotische Türme empor, die zu einem neuen Wahrzeichen der Stadt wurden.

Im Chor erhob sich das mächtige Grabmal des 1567 verstorbenen Landgrafen Philipp von Hessen und dessen Gemahlin Christine von Sachsen, das die Gottesdienstbesucher vor Augen hatten (rechtes Bild).

Max Pinthus & Comp.
Haasenstein & Vogler A.G.
Wilhelmine Münstedt
Kurz Weiss Wollwaaren & Posamenten

Gegenüberliegende Seite:
Der *Martinsplatz* war am 12. September 1899 schwarz von Menschen, die gekommen waren, die Einweihung des *Denkmals für Landgraf Philipp den Großmütigen* mitzuerleben. Mit diesem Standbild sollte einer der bedeutendsten hessischen Landesfürsten gewürdigt werden. Denn Landgraf Philipp hatte im Jahre 1526 die Reformation in Hessen eingeführt. Zwei Jahrzehnte lang hatte er zu den führenden weltlichen Vertretern der Reformation in Deutschland gezählt.
Zehn Jahre waren vergangen, seit erstmals der Wunsch nach einem Denkmal ausgesprochen worden war. Als etwa 55.000 Mark Spenden zusammengetragen waren, erhielt der Kasseler Künstler Hans Everding den Auftrag, seinen Entwurf zu realisieren.

Die 5,80 Meter hohe Statue Landgraf Philipps des Großmütigen auf dem *Martinsplatz* bestand aus Bronze. Aufgrund der im Zweiten Weltkrieg herrschenden Rohstoffknappheit wurden die Statue ebenso wie die in den Granitsockel eingelassenen Bronzereliefs abgenommen, um sie für Rüstungszwecke einzuschmelzen.
Von der Südwestecke des Martinsplatzes (im Hintergrund) gingen die *Oberste Gasse* und die *Hedwigstraße* ab.

Zwischen den Eckhäusern *Mauerstraße* 12 mit der Konditorei Ulmer und Mauerstraße 12 a überragten die schlanken Türme der *Martinskirche* die beschattete Seite der *Hohentorstraße*.
Sie erhielt ihren Namen nach dem früher dort gelegenen Hohen Tor. Doch war auch der Name Totentor gebräuchlich, da durch dieses Tor der Weg zum Altstädter Friedhof führte.

Die zum Holländischen Platz hin abfallende *Untere Königsstraße*. Rechts an dem Eckhaus Untere Königsstraße 60, dem „Residenz-Kaufhaus", führte die *Hohentorstraße* in die Altstadt hinunter.

Bürgersteige und kopfsteingepflasterte Fahrbahnen waren am Sonntag, dem 22. Juni 1919, von Schaulustigen bevölkert. Am Vortag war es in der Innenstadt zur Plünderung zahlreicher Geschäfte gekommen, ausgelöst von ungefähr 50 Männern und Frauen, deren Empörung sich zunächst nur auf die ihrer Meinung nach viel zu hohen Eierpreise in den Lebensmittelgeschäften gerichtet hatte. Mit Mühe gelang es den Ordnungskräften im Laufe des Abends, den Ausschreitungen ein Ende zu bereiten.
Wie das „Residenz-Kaufhaus" hatte auch das diagonal gegenüberliegende Bekleidungshaus Hettlage bedeutende Schäden erlitten. Im unteren Bild blickt man rechts in den Teil der *Hohentorstraße*, der zur Lutherkirche führte.

Zahlreiche alte Grabsteine umgaben die in weißem Sandstein errichtete *Lutherkirche*, Grabsteine des ehemaligen *Altstädter Friedhofs*.
Im Mittelalter lagen die Friedhöfe stets bei den Kirchen. Erst nach der Reformation erfolgte ihre Verlegung vor die Stadtmauern; in Kassel soll dies bereits 1533 geschehen sein. Die unmittelbar angrenzende, auf dieser Fotografie nicht erfaßte Mauerstraße erinnert an die frühere Ummauerung und macht die Lage des nachmittelalterlichen Friedhofs deutlich, der am 30. Juni 1843 geschlossen wurde. An seine Stelle trat der Hauptfriedhof an der Holländischen Straße.

Gegenüberliegende Seite:
Auf dem ehemaligen *Altstädter Friedhof* legten am 21. Juni 1894 Maurer den Grundstein für eine dreischiffige Kirche, die nach den Plänen von Professor Hugo Schneider in neugotischem Stil entstehen sollte. Dieses Gotteshaus wurde durch ein großzügiges Vermächtnis ermöglicht, das der Kasseler Medizinalrat Dr. Gottlieb Friedrich Fiedler der lutherischen Gemeinde hinterließ. Am 28. November 1897 wurde die *Lutherkirche* geweiht.
Zu dieser Zeit erhielten Bauarbeiter einen durchschnittlichen Tageslohn von 3,25 Mark. Für diesen Betrag hätten sie ungefähr zwei Kilogramm Schweinefleisch erhalten.

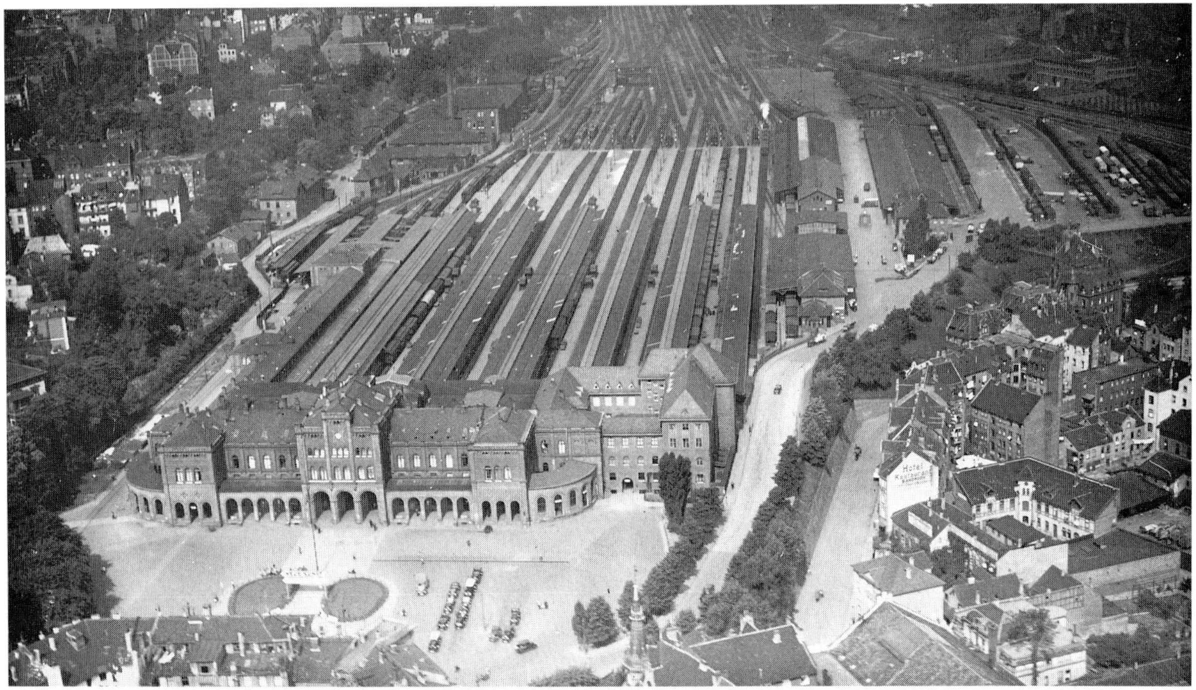

Gegenüberliegende Seite:
Der Kasseler *Hauptbahnhof* stammt aus den Anfängen des hessischen Eisenbahnwesens. 1852 bis 1856 wurden die architektonischen Entwürfe des Oberhofbaumeisters Gottlob Engelhardt durch Landbaumeister August Eggena ausgeführt. Zwei Jahrzehnte waren vergangen, seit einflußreiche Bürger Kassels, unter ihnen der Oberbergrat Carl Anton Henschel, begonnen hatten, sich für den Eisenbahnbau einzusetzen. Es bedurfte langer Verhandlungen und der Überwindung beträchtlicher Schwierigkeiten, bis die zwei sich in Kassel kreuzenden Bahnen (Friedrich-Wilhelms-Nordbahn seit 1845 und Main-Weser-Bahn seit 1847) gebaut wurden. Die Eisenbahnverbindungen verbesserten die Verkehrs- und Transportmöglichkeiten, eine wichtige Voraussetzung für die Weiterentwicklung von Handel und Industrie.

Zwar erkannte man schon früh den Mangel des *Hauptbahnhofs*, nämlich die Tatsache, daß er als Kopfbahnhof erbaut wurde. Wiederholt kam es zu Plänen, an anderer Stelle einen Durchgangsbahnhof zu schaffen. „Die gewaltigen Unkosten aber wie die nicht minder schwerwiegenden wirtschaftlichen Änderungen, die mit einer Bahnhofsverlegung verbunden wären, haben einen solchen Plan bisher nicht zur Ausführung kommen lassen", schrieb im Jahre 1937 eine Tageszeitung.
Eine im gleichen Jahr durchgeführte Reinigung der Fassade führte zu einer Wiederentdeckung. Die von Rauch und Ruß gesäuberten Ziegelsteine brachten wieder die ursprüngliche Frische, Schönheit und Vielgestaltigkeit der Erbauungszeit zutage.

Am 20. August 1881 wurde auf dem *Friedrich-Wilhelms-Platz* ein Brunnen feierlich enthüllt, den ein Kasselaner seiner Vaterstadt zum Geschenk gemacht hatte. Der *Löwen- oder Vierflüssebrunnen* ist nach einer Zeichnung des Architekten und Akademielehrers Hugo Schneider entstanden. Die vier weiblichen Figuren, Allegorien der vier nordhessischen Hauptflüsse Fulda, Werra, Lahn und Edder, schuf der Bildhauer Carl Echtermeyer.
Auf dieser Fotografie fällt das Sonnenlicht auf die Allegorie der Fulda, rechts im Schatten steht die personifizierte Werra. Im Hintergrund die *Schomburgstraße*, die links vom Hotel „Kasseler Hof" begrenzt wird.

Gegenüberliegende Seite:
Im Mittelpunkt eines gärtnerisch sorgfältig gestalteten Rondells bildete der *Vierflüssebrunnen* das Herzstück des *Friedrich-Wilhelms-Platzes* (heute Scheidemannplatz). Sternförmig gingen die Straßen von ihm ab. Auf dieser Fotografie aus dem Jahre 1905 ist rechts die *Kölnische Straße* erfaßt, die zum Kratzenberg hin ansteigt. Linkerhand lädt der *Ständeplatz* zum Flanieren unter Bäumen ein. In der Bildmitte erhebt sich ein aus der zweiten Hälfte des 19. Jahrhunderts stammendes Haus, das zu den renommiertesten Hotels gehörte, das Hotel Schirmer. Hier nächtigte im September 1865 – damals hieß es Hotel Prinz Friedrich Wilhelm – der Dichter Theodor Storm. Vor allem in den ersten Jahrzehnten unseres Jahrhunderts trugen sich viele Persönlichkeiten aus Hochadel und Politik in das Gästebuch ein.

HOTEL SCHIRMER
HOTEL SCHIRMER
Echter
Hermann Cramer, Cassel
Ludwig Schmidt & Komp.
Glaserei
Carl Rink, Schneidermeister.
Restaurant
Hotel

Der *Ständeplatz*, wie er sich beim Anflug von Südwesten dem Fotografen zeigte. Links zweigt die *Hohenzollernstraße* ab (heute Friedrich-Ebert-Straße).
Der eher einem Boulevard gleichende Platz war in den dreißiger Jahren des 19. Jahrhunderts entstanden und führte die Bezeichnung *Friedrich-Wilhelms-Straße*, benannt nach Friedrich Wilhelm, dem regierenden Landesherrn. Kaum war Kassel eine preußische Stadt geworden (1866), wurde die Straße in Ständeplatz umbenannt. Als erstes Monumentalgebäude an dem Platz war das Ständehaus errichtet worden, das als Sitz der kurhessischen Stände, also des Landtags, von 1836 bis 1866 sowie als Tagungsort der Kommunal- und Provinziallandtage 1868 bis 1933 ein bedeutendes Stück hessischer Parlamentsgeschichte repräsentiert.

Der unterste Teil der *Kölnischen Straße*, links die besonnte Häuserfront mit den Nummern 10 (links: Gebrüder Gotthelft) bis 2. Unterbrochen wurde diese Front durch die einmündende *Spohrstraße* und – etwas weiter unterhalb – *Mauerstraße*. Hier, unweit des Königsplatzes, befand sich das Kasseler Zeitungsviertel; hier konnte man am schnellsten Neuigkeiten erfahren. So drängten sich die Menschen vor den Aushängekästen: Kaiser Wilhelm II. hatte soeben die Mobilmachung angeordnet. An diesem Augustwochenende des Jahres 1914 ahnte wohl niemand, daß der Krieg Jahre dauern und Millionen Menschen Leid und Elend bringen würde.

Wenn auch im allgemeinen die Straßen Kassels nach städtebaulichen Planungen angelegt worden sind, so traf dies bei der *Wolfsschlucht* nicht zu, die gegen Ende der dreißiger Jahre des 19. Jahrhunderts entstand und bis dahin ein Weg „Hinter der Mauer“ war (links im Bild).

Außerhalb aller Baufluchtlinien stand offensichtlich das Eckhaus *Wolfsschlucht/ Kölnische Straße.* Das mit einem belebenden Ornamentband verzierte Haus Kölnische Straße 3, das um 1830 erbaut wurde, war das älteste Haus der Kölnischen Straße, bis es im Jahre 1928 der Spitzhacke zum Opfer fiel.

Ende der dreißiger Jahre des 19. Jahrhunderts ließ Professor Johann Wolff, Lehrer der Architektur an der Kunstakademie, vielgelesener Schriftsteller und Schwiegersohn des Hofkapellmeisters Louis Spohr, für seine stattliche Familie mehrere Wohnhäuser erbauen.
Der Name *Wolfschlucht*, den der Volkswitz der Straße nach dem Namen dieses Bauherrn gab, setzte sich gegenüber der amtlichen Bezeichnung *Garde-du-Corps-Straße* durch, auch wenn die Schreibweise nicht richtig war.
Im Jahre 1929 fielen die Wolff'schen Häuser – die Fotografie zeigt sie von der *Opernstraße* aus gesehen – der Spitzhacke zum Opfer, um einem Neubau für die städtische Sparkasse Platz zu machen.

Die *Wilhelmsstraße* gehörte zu den barocken Straßenzügen der seit 1688 erbauten Oberneustadt. Zunächst bevorzugtes Wohngebiet wohlhabender Familien, wandelte sie sich mehr und mehr zur Geschäftsstraße und wurde zu einem wichtigen Verbindungsglied zwischen der Innenstadt und westlichen Stadtteilen (Hohenzollernviertel).
Der Passant, der schnell etwas zu sich nehmen wollte, mag sich der Automaten-Gaststätte Wilhelms-Automat (links) zugewandt haben, die schon um die Jahrhundertwende gegen Einwurf eines Geldstückes die gewünschte Kost zugänglich machte. Diese Fotografie von Georg Friedrich Leonhardt ist 1911 entstanden.

Gegenüberliegende Seite:
Zu den besonders populären Restaurationsbetrieben zählte der *Stadtpark*, zwischen *Wilhelms-* und *Fünffensterstraße, Oberer Königs-* und *Garde-du-Corps-Straße* gelegen. Ein großer und ein kleiner Saal, Gesellschaftsräume, Restaurant und Garten, erlebten im Lauf der Jahrzehnte die vielfältigsten Veranstaltungen: Varieté, Operetten, Filmvorführungen, Ringkämpfe, Schul-, Vereins- und Künstlerfeste.
Im Garten, der über den Eingang Wilhelmsstraße 6 zu erreichen war, wurden während des Sommers Unterhaltungskonzerte geboten. Für Filmvorführungen wurde eine Leinwand auf die Bühne herabgelassen: das erste Freilichtkino Deutschlands.

Der Fotograf, der diese Aufnahme in den Jahren vor dem Ersten Weltkrieg machte, dürfte im zweiten Stock des Hauses *Hohenzollernstraße* 2 seine Kamera aufgebaut haben. Rechts – angeschnitten – das Haus Hohenzollernstraße 1.
Hinter dem Straßenbahnwagen der Linie 6 ist ein Blumenbeet mit Springbrunnen zu sehen, das das Südwestende des *Ständeplatzes* dekorativ belebt.
Dahinter senkt sich die beginnende *Friedrichsstraße* zum Garde-du-Corps-Platz ab.

Gegenüberliegende Seite:
Die *Kölnische Straße*, am Königsplatz als enge Häuserschlucht mit zahlreichen Banken und Zeitungsunternehmen beginnend, wandelte sich nach Kreuzen der Viktoria-Straße (heute Bürgermeister-Brunner-Straße) zum Villenviertel mit Vorgärten und Alleebäumen. Diesem Charakter paßte sich der Bau der *Oberrealschule I* an, der am Dienstag, den 19. April 1899, feierlich eingeweiht wurde. Generationen von Kasselern erhielten hier ihre Allgemeinbildung. Im August des Jahres 1914 durfte ein Abiturjahrgang vorzeitig die Schule verlassen (siehe Abbildung): um in den Krieg zu ziehen.

Haus
Eberth
Kassel

„Seine Majestät der König hat die allerhöchste Genehmigung dazu erteilt, daß die auf Anregung des Herrn Fabrikanten S. Aschrott projektierte, die Friedrich-Wilhelms-Straße mit der Cölnischen Quer-Allee direkt verbindende Straße, wegen deren Ausführung schon Einleitung getroffen worden ist, *‚Hohenzollernstraße'* genannt werde, was seitens des Herrn Aschrott gewünscht und vorgeschlagen und von der Stadtbehörde beantragt worden war."
Diese Meldung war im Frühjahr 1870 in Kasseler Zeitungen zu lesen. Damals begann die Geschichte der Hohenzollernstraße (heute Friedrich-Ebert-Straße).

Drei Fotografien aus dem ältesten Stück der Hohenzollernstraße zwischen Ständeplatz und Karthäuserstraße:

Oben:
Wintertag Anfang der zwanziger Jahre, links das Uhrtürmchen vor der *Hauptpost*.

Unten:
Straßenbahnhaltestelle am Anfang der Hohenzollernstraße gegen Ende der dreißiger Jahre.

Gegenüberliegende Seite:
Kasselaner begleiteten ein Stück die Soldaten des 83. Infanterie-Regiments am 2. August 1914. Wenige Stunden später rückte das Regiment in den Krieg aus.

Heinr. Schröder
Abteilung I
Schirm-& Stoc
Fabrikati
6
ENTRAL HOTE
54.
Photo-Haus
Karl Eberth
Cassel

Die Geschichte der *Hohenzollernstraße* ist mit dem Namen des Kasseler Industriellen Sigmund Aschrott (1826-1915) auf das engste verbunden. Ohne seine Initiative und Investitionsbereitschaft wären Planung und Bebauung der westlichen Stadtteile nicht so konsequent durchgeführt worden. Dies war möglich, da die Kommunalverwaltung um 1870 den Standpunkt einnahm, daß Straßen, die zur Erschließung neuen Baugeländes dienten, von den Interessenten selbst angelegt werden mußten.

Im Mittelpunkt unserer Fotografie das Haus Hohenzollernstraße 26, in dem 1909 die Gaststätte „Zeppelin" eingerichtet wurde. Ganz rechts ist ein Stück der Stirnfassade der *Hauptpost* zu erkennen.

Bis kurz nach der Jahrhundertwende war das Grundstück *Hohenzollernstraße 24* unbebaut, so daß der Blick bis zur *Kirche St. Familia* an der Kölnischen Straße reichte. Besonderes Augenmerk zog aber ein in gotisierendem Stil erbautes Wohnhaus mit Turm, Zinnen und Spitzbogenfenstern auf sich. Von dem Kasseler Großkaufmann Carl Ponfik in den Jahren 1886 bis 1888 erbaut, wurde es wegen seiner glasierten Ziegel, die glitzernd die Sonne reflektierten, *„Glitzerburg"* genannt. In dem Garten zwischen *Viktoriastraße* (rechts) und *Karthäuserstraße* (links hinter Bäumen) wuchs 1904/05 die Oberpostdirektion empor.

Gegenüberliegende Seite:
Blick von der *Kronprinzenstraße* aus (heute Friedrich-Engels-Straße) durch die *Hohenzollernstraße* nach Westen.
Zu den Vorzügen des Hohenzollernviertels zählte, daß es überwiegend Wohngebiet blieb. Um die Jahrhundertwende begannen neben Wohnhäusern Gebäude öffentlicher Institutionen emporzuwachsen. Dem Repräsentationsbedürfnis der Zeit entsprechend nahmen sich die Architekten gern die großen Barockbauten der Vergangenheit zum Muster. Dies traf auffallend für die 1904 errichtete *Landesversicherungsanstalt Hessen-Nassau* zu, die im Volksmund „Klebepalast" genannt wurde (Hohenzollernstraße 52, Ekke Kronprinzenstraße). Gleichzeitig entstand der monumentale Bau der Oberpostdirektion, wenig später, 1907, das Polizeipräsidium im Königstor.

Besonders beliebt waren bei Architekten und Bauherren um die Jahrhundertwende Eckgrundstücke, wenn es galt, effektvoll im Stadtbild zur Wirkung zu kommen. Wo gegenüber der Annastraße die *Kaiserstraße (heute* Goethestraße) von der *Hohenzollernstraße* abzweigt, war im Jahr 1912 das letzte Türmchen des Hauses Hohenzollernstraße 77 fertiggestellt. Nach und nach entwickelte sich das darin eingerichtete Hotel-Restaurant „Herkules" zu einer der beliebtesten Gaststätten des Kasseler Westens.
Ursprünglich war die Hohenzollernstraße in ihrer ganzen Länge mit Baumreihen bestanden. Doch fielen diese im Laufe der Zeit verkehrsbedingten Straßenverbreiterungen zum Opfer. Der Abschnitt zwischen Westendstraße und Querallee wurde 1937 umgestaltet.

Das *Königstor* stadteinwärts gesehen, fotografiert anläßlich umfangreicher Kabelverlegungsarbeiten vor den Städtischen Werken AG (rechts) in den dreißiger Jahren.
Links die besonnten Fassaden der Häuser Königstor 10 bis 2, in Nr. 8 (zweites Haus von links) die Gaststätte Friedrich Lohmann.

Im *Königstor* um die Jahrhundertwende: Das obere Bild zeigt einen Blick stadteinwärts, rechts das jugendstilgeprägte Haus Nr. 45 gegenüber der Einmündung der Westendstraße in das Königstor.

Im Zentrum der unteren Fotografie steht das Gebäude der *Bürgerschulen 3 und 4*. Die rechte Hälfte des mit gotischen Stilelementen gestalteten Gebäudes mit der Anschrift Luisenstraße 1 war eine Knabenschule, die linke Seite, Königstor 58, eine Mädchenschule.

Gegenüberliegende Seite:
Die *Städtische Kaserne* (oder auch Stadtkaserne genannt) bot am Ende der dreißiger Jahre, als Carl Eberth die Vorderfront in der *Luisenstraße* aufnahm, 265 Mietern, meist Familien, ein Dach über dem Kopf. Der auffallend große Gebäudekomplex erstreckte sich zwischen *Westerburg-, Luisen- und Westendstraße*.
Um vor allem die Kasseler Bürgerschaft von der Einquartierung westfälisch/französischer Truppen zu entlasten, hatte 1811 König Jérôme die Anordnung erlassen, daß die Stadt Kassel eine Kaserne für 3.000 Mann erbauen, möblieren und unterhalten solle.
Als Kurfürst Wilhelm I. 1813 wieder in seine Hauptstadt zurückgekehrt war, zeigte er kein Interesse an einer Nutzung der Kaserne, so daß die Stadt die Räumlichkeiten bis zum Zweiten Weltkrieg überwiegend zur Unterbringung Minderbemittelter nutzte.

1767 hatte Landgraf Friedrich II. Schloß Weißenstein, die jetzige Wilhelmshöhe, mit seiner Residenz Kassel durch eine fünf Kilometer lange Allee von Linden verbinden lassen: *Die Wilhelmshöher Allee* entstand.
Wo die Allee in die Stadt eintrat, war ein Tor geplant. Zur Ausführung gelangten jedoch nur die *Torwachthäuser* (1803 bis 1806).
Im Obergeschoß des nördlichen Torwachthauses lebten von 1814 bis 1822 die Brüder Grimm. Hier arbeiteten sie am zweiten Band der „Kinder- und Hausmärchen“.

Zu den schönsten Bürgerhäusern der Wilhelmshöher Allee zählte das klassizistische Haus Nr. 26 (Foto unten), von den Kasselanern *„Schlößchen Monbijou“* genannt.

Wilhelmshöher Allee, etwa in Höhe der Hermannstraße stadteinwärts gesehen, US-Soldaten am 5. April 1945.
Ruinen, Schuttberge, eine tote Stadt. Ausgebrannt die Altstadt, verwüstet die Oberneustadt, zerstört die neueren Stadtteile. – Das Ende eines vielhundertjährigen Stadtbildes.

Bahnhof
Oberstadt
Bahnhofs
Platz
Luther Kirche
Kölnische Strasse
Park Strasse
Ober-Realschule
Eisenbahn Direktion
Oberpost Direkt.
Landes Versicherung
Eichamt
Viktoria Strasse
Wilhelms Platz
Stände Platz
Ständehaus
Hauptpost
Königs Platz
Friedrichs Gymnasium
Fürstenhaus
Wolfsschlucht
Opern Strasse
Opern Platz
Militär Intendantur
Städt. Kaserne
Jordan Strasse
Luisen Platz
Feuerwache
Kaiser Str.
Friedrichs-Platz
Museum
Rathaus
Karls Platz
Obere Königs Strasse
Garde du Corps Platz
Real Gymnasium
Elektrizität Werk
Oberpräsidium
Wilhelmshöher Platz
Landes Museum
Kgl. Wilhelms Gymnasium
Fürsten Garten
Weinberg Strasse
Terrasse
Schöne Aussicht
Bellevue Schloss
Staatstheater
Kriegsschule
Kath. Kirche
Hessen Denkmal
Frankfurter
Karlswiese
Bürgerschule
Real-Schule
Luther Str.
Giesberg
Moltke
Grüner Weg
Orleans Str.
Schiller
Sedan
Wörth
Bahnhof Strasse
Kurfürsten Str.
Schomburg Str.
Gr. Rosen Str.
Kl. Rosen Str.
Mauer Strasse
Humboldt Str.
Schlangen Weg
Königstor
Emmerich
Geibel Str.
Westend Strasse
Akazienweg
Die kleine Fulda
Strasse C19